汇率波动与企业行为

杜江　张灵科　蒲贞子　王胜斌　著

责任编辑：吕　楠
责任校对：孙　蕊
责任印制：陈晓川

图书在版编目（CIP）数据

汇率波动与企业行为／杜江等著.—北京：中国金融出版社，2019.10
ISBN 978 – 7 – 5220 – 0312 – 2

Ⅰ.①汇… Ⅱ.①杜… Ⅲ.①人民币汇率—汇率波动—影响—企业行为—研究—中国　Ⅳ.①F279.2②F832.63

中国版本图书馆 CIP 数据核字（2019）第 237897 号

汇率波动与企业行为
Huilü Bodong yu Qiye Xingwei

出版
发行　中国金融出版社

社址　北京市丰台区益泽路 2 号
市场开发部　（010）63266347，63805472，63439533（传真）
网上书店　http：//www.chinafph.com
　　　　　（010）63286832，63365686（传真）
读者服务部　（010）66070833，62568380
邮编　100071
经销　新华书店
印刷　北京市松源印刷有限公司
尺寸　169 毫米×239 毫米
印张　12.75
字数　197 千
版次　2019 年 10 月第 1 版
印次　2019 年 10 月第 1 次印刷
定价　68.00 元
ISBN 978 – 7 – 5220 – 0312 – 2
如出现印装错误本社负责调换　联系电话（010）63263947

序　言

汇率作为价格，具有明显的不确定性，它的波动直接影响企业是否参与进出口行为，影响企业进出口产品的价格，直接影响进出口企业的效益。从宏观角度审视，汇率波动会影响所有企业的决策行为和经济效益，这种影响或许是直接的，或许是间接的，影响的程度有强有弱，敏感度有大有小，最终的效果是影响宏观经济的良好运行。

在加入世界贸易组织后，中国的对外直接投资速度加快，与全球经济联系日益密切，对外开放程度日趋提高，中国企业"走出去"的步伐明显加速。在"走出去"战略和"一带一路"倡议的推动下，越来越多的中国企业参与到全球经济活动中，贸易往来更加频繁。企业在参与国际投资和贸易活动中，面临着国内外各种风险因素的影响，当下的中美贸易摩擦所带来的不确定性就是其中之一。在这些风险中，汇率风险是重要的经济风险。汇率制度对于参与国际贸易的企业来说起着至关重要的作用。中国企业在参与全球贸易的过程中，伴随着人民币汇率制度的变革，充分认知到了汇率波动对其行为的影响。

自改革开放以来，市场经济发展不断深化，人民币的汇率形成机制也随之变化。我国人民币汇率形成机制大致经历了最初以市场供求为基础的、单一的、有管理的浮动汇率制度到目前以市场供求为基础、参考一揽子货币进行调节、有管理的浮动汇率制度的阶段性变化。人民币汇率基本保持稳定，灵活性和弹性增强，也更加透明化、市场化和规则化，呈现出明显的能上能下的波动特征。

随着汇率浮动变化频繁、幅度增大，汇率波动势必会对微观经济行为主体的消费者和生产者都会产生影响，特别是对参与国际市场、从事国际贸易活动的企业，进而影响宏观经济。因此，有必要研究人民币汇率波动对企业的影响，这不仅有助于为人民币汇率的形成机制和市场化改革提升提供微观角度的理论基础，也有助于为企业制定战略决策、提升国际竞争力提供理论依据。

从现有的研究成果来看，多数研究主要是从汇率变化对进出口总量、通货膨胀、经济增长等各个宏观层面展开，形成了较为全面的人民币汇率变化对中国经济影响的宏观理论机制，但是缺乏汇率波动（汇率变化的剧烈程度）对企业影响的微观效应的深入研究。本书基于人民币汇率波动的现实背景，总结汇率波动对经济影响的研究现状，结合中国国情，从微观层面分析汇率波动对企业影响的传导机制，以此理论分析为基础进行实证分析，将汇率传递机制、汇率波动对企业出口行为的影响、汇率波动对企业价值的影响和汇率波动对企业生产率的影响纳入到一个整体框架中进行研究，并从微观视角向企业提出建议，帮助企业应对汇率波动的风险。

本书的主要内容分为四个部分。第一部分，是本书的第一章和第二章，包括绪论和文献综述及理论基础，重点讨论研究的理论背景和现实意义，梳理国内外学者最新的研究成果。第二部分，是本书的第三章和第四章，为第三部分的实证研究提供理论支持和现实支撑；其中，第三章阐述汇率波动对企业行为的传导机制，基于实物期权理论构建了汇率波动影响企业行为的理论模型；第四章考察微观企业的生产经营特征。第三部分是本书研究的重点，包括了第五章、第六章、第七章和第八章，运用计量实证分析方法，分别研究了汇率的传递效应以及汇率波动对企业出口行为、企业价值和企业生产率的影响与传导途径。第四部分，是本书的第九章，汇总整理了汇率波动对企业影响的研究结论，并为企业应对汇率波动的风险提出了建议。

汇率波动会给外贸企业的经营活动带来动力和压力，企业会需通过调整自身行为以适应汇率波动带来的影响。本书详尽分析了汇率波动对企业行为的影响，不仅有助于管理者制定恰当的汇率政策，也有助于企业制定恰当的经营管理策略以应对汇率波动风险，有助于外向型企业在国际市场中的稳定发展以及我国经济全球化进程的稳步推进。

本书的完成离不开众多人士的帮助和支持，感谢四川大学经济学院一如既往的鼓励和支持，感谢科技金融与数理金融四川省重点实验室的支持；感谢国家社科基金的支持和帮助（《基于企业视角的人民币汇率波动微观效应研究》，14BJY176）；感谢我的学生张灵科博士、蒲贞子博士、王胜斌博士和杨文溥博士在本书编写过程中所付出的努力和汗水；感谢中国金融出版社吕楠女士的精心策划和编辑；特别的，要感谢我的夫人丁怡的鼎力支持和默默付出！最后，还要感谢一大批未曾谋面的学者和作者，他们的研究成果对本书的完成具有极大的借鉴意义。

由于本人及团队成员的时间和精力有限，书中难免存在不足之处，恳请读者在阅读过程中不吝赐教，我们将不遗余力完善。

杜 江

2019年10月于四川大学经济学院

前　言

随着经济全球化进程加快，我国对外开放不断深入，近年来和美国的贸易摩擦不断加剧，我国与全球经济联系日益紧密。聚焦人民币国际化和市场化进程，人民币汇率波动频繁、幅度扩大，人民币汇率弹性增加。汇率波动对作为微观经济行为主体的消费者和生产者都会产生影响，特别是对参与国际市场从事贸易活动的企业，乃至作用于宏观经济。

实际上，汇率是一种价格，会完全或非完全传递到企业进出口产品和服务价格上，直接影响企业的收益与成本。汇率的风险暴露越大，对企业的影响也越大。因此，在不同汇率制度下，作为微观主体的企业受汇率波动的影响存在差异。在固定汇率制度下，汇率波动幅度小，甚至没有波动，企业可以从容调整相关经营活动，使得受汇率波动的影响减弱甚至消除。在浮动汇率制度下，汇率变化的不确定性，汇率频繁波动和幅度扩大，就使得企业面临的汇率风险加大，影响企业的进出口行为决策，影响企业的收益和企业价值，影响企业的生产效率，甚至也会影响企业生存。汇率水平不同，对企业的影响程度也不同。对诸如所有制、贸易方式等特质不同的企业，对汇率波动的反应也可能存在差异。

基于此，有必要从企业视角研究人民币汇率波动的微观效应，也就是说，研究人民币汇率波动对企业的影响，不仅有助于企业战略决策，提升国际竞争力，也可为人民币汇率的形成机制和市场化提升提供微观基础。在中国特色社会主义市场经济改革中，市场在人民币汇率形成方面将起到决定性作用。

我国自改革开放以来，伴随市场经济的不断深化，人民币的汇率形成机制也发生了明显变化。我国人民币汇率形成机制大致经历以市场供求为基础的、单一的、有管理的浮动汇率制度；以市场供求为基础，参考"一篮子"货币进行调节，有管理的浮动汇率制度的阶段性变化。1994年我国实行浮动汇率制度后，人民币汇率基本保持稳定。2005年对人民币汇率形成机制实施进一步的改革，并逐步扩大人民币汇率的浮动幅度，2007年人民币兑美元汇率扩大至0.5%，人民币汇率的灵活性逐渐提高，汇率波动性显著增强。2008年为应对美国次贷危机所引起的国际金融危机对我国经济的影响，又收窄人民币汇率波动幅度。2010年6月，重启人民币汇率制度改革，人民币汇率弹性增强，波动幅度逐步扩大，2012年人民币兑美元汇率波动幅度扩大至1%，2014年扩大至2%，汇率波动日趋频繁，升值和贬值交替出现，基本呈现能上能下双向浮动汇率形成机制。2015年8月11日，中国人民银行宣布调整人民币兑美元汇率中间报价机制，做市商基于上日银行间外汇市场收盘汇率，向中国外汇交易中心提供报价，这一机制使得汇率的双向浮动显著增强，人民币中间价的形成也更加透明化、市场化和规则化。

在这样的背景下，我们可以预期双向浮动汇率波动将增强对我国经济的冲击，我国企业汇率风险暴露程度增加，企业承担汇率风险升高，汇率频繁大幅度波动会干扰经济参与者对经济发展形势的准确判断，对企业从事进出口的意愿和进出口规模都会产生影响，特别是从事进出口贸易的中小企业要被动承受汇率波动的结果。

同时，针对人民币汇率波动对中国经济的影响研究，以往的多数主要是从汇率变化对进出口总量、通货膨胀、经济增长等各个宏观层面展开的，形成了较为全面的人民币汇率波动对中国经济影响的宏观理论机制，缺乏汇率波动对企业影响的微观效应的深入研究。

因此，本书基于人民币汇率波动的现实背景和汇率波动对经济影响的研究现状，借助前人理论研究，并结合中国国情，从微观层面分析汇率波动对企业影响的传导机制，并以此理论为基础，以出口企业为研究对象，把汇率传递和汇率波动对企业出口行为、企业价值和企业生产率的影响纳入一个整体框架，观察汇率波动和企业的相关特征，从企业视角切入研究人民币汇率波动的微观效应，采用计量分析方法，实证分析和检验了人民币汇率波动对出口商品价格、企业出口行为、企业价值和企业生产率的影响，探究了影响的路径和程度。换言之，从理论和实证两个方面分析汇率传递效应：汇率对企业出口价格的影响，分析和检验了汇率波动对企业出口意愿和出口规模、企业收益和企业生产效率的影响。同时，本书充分考虑了异质性的存在，实证检验和分析了不同异质性下的企业对汇率波动的反应和程度。最后，综合研究结论，从微观和宏观的不同视角，提出了一些企业应对汇率风险的对策建议。

本书主要由四部分构成。

第一部分由第一章和第二章组成，主要讨论研究的是现实背景和理论研究背景，研究目的和研究意义，研究思路与研究方法以及创新点，梳理汇率的相关理论和概念，把握汇率波动对经济以及对企业影响的研究动态，并给予了综合评述。

第二部分由第三章和第四章组成。第三章从理论上分析汇率波动对企业价值等各个方面的影响，为第四部分的分析提供理论支持。在本部分，主要是基于实物期权理论，构建分析汇率波动对企业价值、企业进出口行为决策的框架、模型，在汇率波动与企业进出口概率呈现负相关的理论结果之上，进一步分析汇率波动对企业进出口行为、企业价值、企业生产率影响的传导机制。第四章从现实考察和比较汇率波动和企业生产经营特征，也为第四部分的分析提供现实支撑依据。在本部分主要观察人民币汇率的变化趋势和波动幅度的变化，与之相对应的是分析企业数量、企业资产规模、营业利润和企业出口交货值等特征，感知企业随着人民币汇率波动幅度限制逐步放宽和汇率波动幅度逐渐扩大，汇率波动是否对企业存在影响。

第三部分由第五章、第六章、第七章和第八章组成，也是本书的重点。在这部分，主要采用实证分析方法，分析和检验了汇率传递效应，进一步分析了汇率波动对企业出口行为、企业价值和企业生产率影响的传导途径和影响程度。第五章利用工业企业大样本微观数据和高度细化的海关数据测算企业层面人民币相对出口目的地货币的实际汇率，实证研究人民币汇率变化对中国企业出口价格调整行为影响；第六章从企业出口意愿和出口规模两个侧面，采用Heckman选择模型分析汇率波动对企业出口行为的影响，同时也对已经从事出口的企业的出口意愿进行实证分析；第七章主要分析汇率波动对企业价值造成什么样的影响；第八章主要分析汇率波动对企业生产率的影响。在以上章节的分析中，都采用工业企业大样本微观数据，并且针对企业的不同特质，分门别类地进行了异质性分析。

第四部分为第九章，是结论和启示，提出企业应对汇率风险的建议。

基于上述研究，无论是理论分析，还是实证分析，本书主要得出以下主要结论。

(1) 汇率变化对企业出口价格影响明显，汇率传递是不完全的。研究结果显示，无论从企业层面、企业与产品的层面，还是企业到产品再到出口目的地的层面来看，在统计意义下，人民币实际汇率升值会显著降低企业以本币表示的中国工业企业出口价格，表明汇率变化对出口价格有显著影响。

(2) 汇率波动越大，企业参与海外市场的意愿越弱，企业的出口规模越小。从理论分析上看，汇率波动越大，企业出口概率越小，企业出口规模也越小。从实证分析的角度看，Heckman 选择模型的结果显示：汇率波动越大，企业参与海外市场的意愿越不强烈，出口数量也会越少，同时，对于已经参与海外市场的企业而言，退出海外市场的意愿增强。表明汇率波动对企业的出口行为产生了消极影响。

(3) 汇率波动越大，企业价值越小。理论分析认为汇率波动程度与企业价值呈现负相关。实证分析也显示汇率波动程度与企业利润呈现负向关系，汇率波动程度越剧烈，企业的经济损失越大，并且在统计意义下是显著的。说明汇率波动频率和波动幅度增大，企业面临的汇率风险上升，产品需求会发生变化，影响企业利润。

(4) 汇率波动越大，企业生产率越低。汇率波动与影响企业价值的效果大致相同，汇率波动增大，企业面临的汇率风险上升，产品需求和企业利润会发生变化，不确定性增大，影响企业技术投资选择，随之企业会调整技术创新投入，影响到生产效率，引起生产率下降。

(5) 汇率波动对出口企业的影响具有异质性，主要表现在如下几个方面。

第一，在汇率对出口价格的影响上存在差异，也就是说，汇率传递效应不同。相较于以本币计价的出口商品价格，汇率变化对以外币计价的传导程度较高，但汇率传递也不完全。

从所有制来看，不同所有制的企业的汇率传递呈现异质性，汇率传递率由大到小依次为国有企业、私营企业、中外合资合作企业、外商独资企业。从另一个角度讲，外商独资企业的依市定价能力最强，其次是中外合资合作企业、私营企业，最弱的是国有企业。外商独资企业大多为跨国公司，在国际市场具有较强的协调生产和销售能力，能够根据汇率变化对价格有效调整。中外合资合作企业充分利用外商的资金和技术，加之国内较好生产要素，国际市场具有较强的竞争优势，能够对价格做出调整，应对汇率变化。私营企业虽然灵活性强，但规模较小，资金和技术实力较弱，面对汇率冲击时，价格调整能力较弱。国有企业资金雄厚，能够对技术进行改进和提升，在国内具有竞争力，为参与海外市场提供了一定优势，但国有企业的灵活性要弱于其他类型的企业，出口产品价格对汇率变化的反应不太敏感。

从贸易方式来看，与加工贸易相比，一般贸易具有更大价格汇率弹性，汇率传递率较低，依市定价能力较强。加工贸易是利用本国生产技术和水平，把进口原料、材料等加工为成品后再出口，获得外汇体现的附加值，但加工贸易中的产品多为标准化产品，替代品多，国际市场竞争压力大。同时，加工贸易呈现两头在外，汇率变化既影响出口价格也影响进口价格，相互抵销。还有，加工贸易企业的出口目的地市场份额相对稳定。因此，加工贸易的出口汇率传递率较低。从事一般贸易基本是利用本国的原材料，汇率变化对企业的产品成本不会造成多大影响，但会直接影响出口产品收益，当汇率波动较大对企业不利时，企业就会调整以外币表示的出口价格，出口汇率传递率表现为较高。

第二，汇率波动对企业出口行为的影响存在异质性。就企业所有制类型而言，尽管汇率波动对不同类型企业都有不利影响，但国有企业不参与海外市场或退出海外市场的意愿要比私营企业和外资企业强，外资企业的意愿最弱。同样，汇率波动对出口规模影响的敏感度由大到小也是如此。外资企业主要参与国际市场，具有应对汇率变化的能力和手段，能够有效缓解汇率波动的负面效应。私营企业灵活，能够对汇率波动作出及时反应，选择参与和退出海外市场，特别是汇率波动幅度扩大时。国有企业经营政策约束较多，大都经营不够灵活，即使汇率剧烈波动，也较难以及时采取有效应对汇率风险的措施。

从企业生产率来看，汇率波动频繁和幅度扩大使得企业面临风险加大，对高生产率和低生产率企业参与市场的意愿有负面影响，但高生产率企业不参与或退出市场意愿比低生产率的强。在汇率波动对企业出口规模影响上，生产率高的企业并没有因汇率波动过大而降低出口规模，而低生产率企业的出口规模却显著减少。

第三，汇率波动对企业价值的影响具有异质性。从企业所有制类型看，尽管汇率波动对不同所有制的企业价值的影响都呈现不利影响，但影响程度存在差异。汇率波动对外商投资企业的企业价值影响最大，然后是私营企业，影响最弱的则是国有企业。企业所有制类型不同，面临的内外部资源也不同，国际市场的竞争力也有差异，应对汇率风险的能力也不同，所以，汇率波动对不同所有制企业的利润造成的影响也不同。另外，汇率波动对企业价值的影响在行业间存在差异，地区间的差异不明显。

第四，汇率波动对企业生产率的影响存在异质性。企业生产率不仅依赖于企业自身管理水平和技术创新，也受外部市场环境约束。从受到汇率波动的外部冲击看，汇率波动对不同所有制企业的影响都呈现负面效果，但存在差异。国有企业生产率受汇率波动的负面影响最小，外资企业的最大，民营企业则介于两者之间。汇率频繁波动使企业面临的汇率风险加大，出口规模下降，利润减少，企业价值下降，影响企业的决策，特别是影响企业创新投入，进而影响企业生产率。

综合基于企业视角研究汇率波动的微观效应的结论，明显可以看出，汇率波动对企业的影响基本上呈现不利影响。无论是依市定价能力，还是企业参与国际市场行为决策、企业价值和企业生产率，不同所有制对汇率的反应存在差异，具有异质性。因此，如何把汇率波动对企业的负面影响降到最低，使企业融入经济全球化体系中，不仅要保证出口数量的稳步增长，还要增强企业在国际市场中的竞争力，优化国际贸易结构，提高国际市场中高质量主体数量，不仅体现在产品质量上，也要体现在企业质量上。

为了应对汇率波动引起的或潜在的不利影响，企业自身要提高抵御汇率风险的能力，短期可采用能够规避利率风险的各种金融衍生工具，多种货币组合结算方式，或以单一的人民币结算模式，长期着眼于提升产品在国际市场的竞争力，调整产品结构，加大新产品和新技术投入，提升产品技术含量和附加值，提升在国际市场的议价能力和水平，摆脱竞争中的价格依赖。政府也要积极采取措施，培育和完善外汇市场，提供多样化的避险工具，加大对企业创新的支持力度，给予适当的汇率风险补偿，培育更多具有国际化视野和竞争力的企业，也要扶持国际市场认可的民族支柱品牌的企业，同时，进一步对外开放，让企业间相互竞争，在实践中学习，提高竞争能力。

目　　录

第一章　绪论 … 1

1.1　研究背景 … 1
1.1.1　人民币汇率波动幅度扩大 … 1
1.1.2　汇率波动对我国经济的冲击增强 … 2
1.1.3　汇率风险升高 … 2

1.2　研究意义 … 3
1.2.1　理论意义 … 3
1.2.2　现实意义 … 4

1.3　相关概念界定 … 5
1.3.1　汇率波动 … 5
1.3.2　汇率传递 … 6
1.3.3　企业价值 … 6
1.3.4　企业生产率 … 7

1.4　研究思路与研究方法 … 8
1.4.1　研究思路 … 8
1.4.2　研究技术路线 … 10
1.4.3　研究方法 … 11
1.4.4　数据来源与处理 … 11

1.5　创新点 … 12

第二章 汇率相关理论与文献综述 ·········· 14

2.1 汇率变动相关理论·········· 14
2.1.1 汇率的决定 ·········· 14
2.1.2 汇率变动对经济的影响 ·········· 17
2.1.3 企业面临的汇率风险 ·········· 17
2.2 汇率波动与企业出口价格·········· 18
2.3 汇率波动与企业出口产品质量·········· 19
2.4 汇率波动与企业出口规模·········· 19
2.4.1 宏观视角下的汇率波动与企业出口规模 ·········· 19
2.4.2 微观视角下的汇率波动与企业规模 ·········· 20
2.5 汇率波动与企业价值·········· 22
2.6 汇率波动与企业生产率·········· 25
2.7 本章小结·········· 31

第三章 汇率波动对企业影响的理论分析 ·········· 32

3.1 汇率波动对企业影响的理论模型构建·········· 32
3.1.1 基本假设与变量定义 ·········· 32
3.1.2 出口利润与企业价值 ·········· 33
3.1.3 出口的期权价值 ·········· 35
3.1.4 汇率波动决定的出口决策临界值 ·········· 37
3.2 汇率波动对企业微观影响的传导机制分析·········· 38
3.2.1 汇率波动对企业出口影响的传导机制 ·········· 38
3.2.2 汇率波动对企业价值的影响机制 ·········· 40
3.2.3 汇率波动对企业生产率影响的传导机制 ·········· 42
3.3 本章小结·········· 44

第四章 汇率波动与企业微观特征 ·········· 46

4.1 人民币汇率变动情况·········· 46
4.2 企业生产经营特征·········· 48
4.2.1 企业基本特征与财务状况 ·········· 48

  4.2.2 企业出口行为的基本特征 ································ 52
  4.2.3 企业生产率 ······································· 72
 4.3 本章小结 ··· 81

第五章 汇率波动对企业出口价格的影响：汇率传递效应分析 ·········· 82
 5.1 汇率传递效应的理论假设 ································ 83
  5.1.1 汇率不完全传递 ···································· 83
  5.1.2 所有制异质性与汇率传递 ····························· 83
  5.1.3 贸易方式与出口汇率传递 ····························· 84
 5.2 汇率传递效应的模型构建 ································ 85
  5.2.1 基准计量模型构建 ·································· 85
  5.2.2 基于异质性的计量模型扩展 ··························· 85
  5.2.3 指标选取与数据来源 ································ 86
 5.3 汇率传递效应的实证分析 ································ 91
  5.3.1 汇率传递效应的基准模型估计与分析 ···················· 92
  5.3.2 汇率传递效应的稳健性检验 ··························· 93
 5.4 企业异质性对汇率传递的影响分析 ························ 96
  5.4.1 企业所有制下的汇率传递效应 ························· 96
  5.4.2 贸易方式对汇率传递的影响 ·························· 100
 5.5 本章小结 ·· 104

第六章 汇率波动对企业出口行为的影响分析 ······················ 105
 6.1 汇率波动对企业出口行为影响的理论假设 ················· 105
 6.2 汇率波动对企业出口行为影响的模型构建 ················· 107
  6.2.1 基准计量模型构建 ································· 107
  6.2.2 基于异质性的计量模型拓展 ·························· 109
  6.2.3 指标选取与数据来源 ······························· 109
 6.3 汇率波动对企业出口行为影响的实证分析 ················· 111
  6.3.1 汇率波动对企业出口行为影响的分析 ··················· 111
  6.3.2 所有制异质性的汇率波动对企业出口行为影响的
     分析 ·· 114

         6.3.3 生产率异质性的汇率波动对企业出口行为影响的
               分析 ··· 119
    6.4 本章小结 ··· 124

第七章 汇率波动对企业价值的影响分析 ································· 125
    7.1 汇率波动对企业价值影响的内在机理 ··························· 125
    7.2 汇率波动对企业价值影响的模型构建 ··························· 126
         7.2.1 模型设定 ··· 126
         7.2.2 指标选取与数据来源 ····································· 127
         7.2.3 描述性统计与相关分析 ·································· 130
    7.3 汇率波动对企业价值影响的实证分析 ··························· 132
         7.3.1 汇率波动对企业价值影响的分析 ····················· 132
         7.3.2 所有制异质性的汇率波动对企业价值影响的分析 ··· 133
         7.3.3 是否出口异质性的汇率波动对企业价值影响的
               分析 ··· 135
    7.4 本章小结 ··· 137

第八章 汇率波动对企业生产率的影响分析 ····························· 138
    8.1 汇率波动对企业生产率影响的理论假设 ······················ 138
         8.1.1 汇率对生产率影响的理论机理 ······················· 138
         8.1.2 汇率对生产率影响的异质性 ·························· 140
    8.2 汇率波动对企业生产率影响的模型构建 ······················ 141
         8.2.1 基准计量模型设定 ·· 141
         8.2.2 扩展的计量模型 ·· 142
         8.2.3 指标选取与数据来源 ····································· 142
    8.3 汇率波动对企业生产率影响的实证分析 ······················ 146
         8.3.1 汇率波动对企业生产率影响的分析 ················· 146
         8.3.2 所有制异质性的汇率波动对生产率影响的分析 ····· 148
         8.3.3 是否出口异质性的汇率波动对生产率影响的分析 ··· 152
    8.4 增加流动性对缓解企业汇率风险的作用 ······················ 156
         8.4.1 增加流动性对缓解企业汇率风险作用的基本分析 ··· 156

8.4.2　所有制异质性下的缓解融资约束对汇率波动的
　　　　　　作用 …………………………………………………… 159
　　　8.4.3　是否出口异质性下的缓解融资约束对汇率波动的
　　　　　　作用 …………………………………………………… 162
　8.5　本章小结 …………………………………………………… 163

第九章　主要结论与启示 ………………………………………… 164
　9.1　研究结论 …………………………………………………… 164
　9.2　启示与建议 ………………………………………………… 167
　　　9.2.1　基于企业自身的视角 ………………………………… 167
　　　9.2.2　基于外部环境视角 …………………………………… 169
　9.3　研究不足与展望 …………………………………………… 170

参考文献 ………………………………………………………… 172

第一章 绪论

1.1 研究背景

1.1.1 人民币汇率波动幅度扩大

自 1994 年人民币汇率改革以来，我国的人民币汇率形成机制，也就是人民币汇率制度的发展演变，大致经历了以下几个阶段。

1994 年 1 月 1 日至 2005 年 7 月 20 日期间，我国实行以市场供求为基础、单一的、有管理的浮动汇率制度，人民币兑美元汇率一直保持在较为稳定水平；在 2005 年 7 月 21 日至 2008 年 6 月，我国实行以市场供求为基础、参考"一篮子"货币进行调节、有管理的浮动汇率制度，人民币兑美元汇率一直处于升值趋势，波动幅度有所增加，汇率弹性有所增强，其中，2007 年 5 月 21 日，人民币兑美元汇率的日波动幅度由以前的 0.3% 扩大至 0.5%；2008 年 7 月至 2010 年 6 月，为应对由美国次贷危机所引起的国际金融危机对我国经济的影响，我国又收窄人民币汇率波动幅度，人民币兑美元的升值趋势基本暂停，我国人民币汇率重新盯住美元。2010 年 6 月 19 日，中国人民银行宣布，重启人民币汇率制度改革，进一步增强人民币汇率弹性，人民币汇率波动幅度进一步扩大，波动日趋频繁。2012 年 4 月 16 日，人民币兑美元汇率的日波动幅度由 0.5% 扩大至 1%，2014 年 3 月 17 日，进一步扩大至 2%，特别是现阶段，人民币兑美元汇率已趋于合理均衡水平，人民币兑美元不再仅仅是单方面的升值，更常态的情况将是升值和贬值交替出现，能上能下的双向浮动汇率形成机制。2015 年 8 月 11 日，人民币兑美元汇率中间报价机制进一步调整，做市商基于上日银行间外汇市场收盘汇率，向中国外汇交易中心提供报价，这一机制调整增强了人民币兑美元汇率的双向浮动，也使得人民币中间价的形成更加透明化、市场化和规则化。同时，随着我国人民币国际化和市场化的进程加快，市场在决定人民币汇率形成方面将起到决定性的作用。人民币汇率频繁波动、人民币汇率弹性加大将是大概率事件，这使得人民币汇率的风险特征日趋明显。

1.1.2 汇率波动对我国经济的冲击增强

伴随我国加入世界贸易组织，我国与全球的经济联系日益紧密，对外开放度的日趋提高，和美国的贸易摩擦日趋加剧，在某种程度上，这也使得我国遭受外部冲击的风险敞口扩大。

起始于2005年7月的我国实行以市场供求为基础、参考"一篮子"货币进行调节、有管理的浮动汇率制度的人民币汇率形成机制改革，使得人民币汇率变动幅度和频率均发生了重要变化。浮动汇率制度开始逐渐主导人民币汇率的变动趋势。汇率作为外部冲击向国内传导的渠道，与固定汇率制度相比，在浮动汇率机制下，外部冲击向国内经济的传导更为畅通。同时，汇率的频繁大幅波动，使得我国经济参与者对未来经济变动的预期难以把握，特别是对于具有进出口贸易的厂商而言，情况尤甚。若无法对未来的经济变动做出预测，国内的经济参与者就不能制订相应的应对计划，于是，基于风险考虑，扩大投资的意愿降低，甚至可能缩小投资，特别是在企业具有融资约束的情况下，企业减少具有正经济外部性的技术创新的投入，从而影响经济的平稳快速发展。在对外贸易方面，汇率波动对出口商和进口商的影响最为直接。现阶段，我国从事对外贸易的进出口商大部分为中小企业，在国际市场上的整体竞争力不强，应对汇率波动的措施有限，当汇率变化时，这些进出口商不能及时做出响应，只能被动地承受汇率变动的结果，因此，当汇率频繁变化时，参与对外贸易的中小企业可能无所适从，只能通过缩小对外贸易的参与度以减缓汇率波动对企业所造成的不利影响，这进一步加重了汇率波动对我国经济的冲击。汇率波动对我国的经济冲击增强。

1.1.3 汇率风险升高

1994年我国汇率制度改革时，我国的外汇管理体制开始施行强制性的银行结售汇制和封闭性的银行间的外汇交易，同时实现人民币经常项目有条件兑换。1996年，人民币经常项目实现完全可兑换。在这种外汇管理体制下，除特殊规定外，企业通过出口获得的外汇必须出售给外汇指定银行，企业用汇时也必须凭借相关单据到外汇指定银行兑付。同时，外汇市场的交易是在外汇指定银行间进行的，企业无法参与，企业与外汇指定银行之间只有外汇的买卖业务，因此，在汇率发生变化时，企业没有能力通过在外汇市场上的相关操作降低汇率风险，企业只有采取相应的经营措施减弱汇率变化对企业的影响。1994年至2005年7月人民币汇率改革，我国的人民币汇率较为平稳，变化不大，企业在进行相关的进出口贸易时，可以进行较为合理的预期，汇率对企业的影响可以得到有效控制。2005年7月人民币汇率形成机制改革，我国开始施行以市场供求为基础、参考"一篮子"货币进行调节、有管理的浮动汇率制度。人民币汇率开始走向升值之路，同时，人民币汇率弹性增强，2014年开始人民币兑美元汇率的日波动幅度已达到2%，特别是现阶段，在"8·11"汇率改革之后，人民币中间价形成机制更加市场化、规则化，且目前人民币兑美元汇率已趋于合理水平，今后的波动幅度将更加频繁。在这样的机制下，我国企业的汇率风险暴露程度与以往相比将大大增加。虽然，目前我国外汇市场的交易主体和交易品种都有了长足发展，但是企业通过外汇市场套期保值的比例还较低，企业依然承担了大部分的汇率风险，频繁和大幅的汇率波动不可避免地将对企业的出口行为、企业价值和企业生产效率产生影响。

1.2　研究意义

1.2.1　理论意义

一直以来，国内关于人民币汇率波动对中国经济影响的研究主要基于宏观层面，基本上是结合中国的具体国情，研究汇率波动对中国经济影响的传导机制，从汇率波动对进出口贸易、通货膨胀、经济增长的影响等各个宏观层面进行探讨，形成了较为全面的人民币汇率波动对中国经济影响的宏观理论机制。不过从微观层面上讲，特别是从企业视角研究人民币汇率波动的微观效应还需要进一步发展。本书基于对汇率波动对微观主体的企业的影响的深入考察的目的，借助前人的理论研究，结合中国国情，从微观上分析汇率波动对企业影响的传导机制，并在此基础上梳理和架构人民币汇率波动对中国外向型企业的理论基础，主要从汇率变化对企业出口产品价格的影响，还有，汇率波动对企业的出口行为、企业价值和企业生产率的影响几个方面,以微观的视角进行分析。从理论层面上讲,这将是人民币汇率波动对中国经济影响理论的有益补充。

1.2.2 现实意义

汇率波动会对外贸企业的经营既带来动力,也带来了压力,从而迫使外贸企业调整战略以适应汇率波动带来的影响。较高的动力使原来行业中的企业继续经营,并激励社会资本进入该行业;较高的压力阻挡了社会资本的进入,并迫使部分企业退出原来的行业。企业的战略调整可能表现为某些产业的振兴,某些产业的衰落,最终使产业结构发生变动。例如,在人民币升值的环境下,我国出口企业普遍呈现高端产品略有盈余、中端产品基本保本、低端产品全面亏损的局面,尤其是部分外向型中小企业,面临着"生存受到严重影响"的问题。但对于一些大型出口企业或是拥有自主品牌的企业,出口量和价格仍然在"双上升",这是因为品牌优势、技术优势、产品附加值高以及大企业的实力吸引了国外对中国出口产品的刚性需求。当人民币汇率波动对我国外向型企业的生存和发展环境产生影响时,企业会对未来战略做出相应的调整,比如,企业通过产品升级到产业链的上层以获得更高的利润,或企业通过转型进入其他行业,这些行为都会导致企业盈利能力、成长能力、产品结构以及创新等方面的变化,这时企业状态发生改变。当汇率在某一范围内波动时,企业可通过其他方式规避汇率带来的利润损失,因此,企业没有战略调整的动力,此时的企业处于"安于现状"的状态。但是当汇率波动超出这个范围时,企业生存环境恶化,企业不得不通过产业升级等战略进行重新规划,此时企业处于"逐步调整"状态。从长期来看,汇率的波动会促使企业不断调整自己的行为,以适应新的汇率环境。

国内关于人民币汇率波动对中国经济影响的实证研究主要基于宏观层面,在微观层面的研究尚且不足,本书借助企业层面的数据,运用面板模型,研究汇率波动对企业出口产品价格调整、企业出口行为、企业价值和企业生产率等较为全面的影响,实证研究方面不仅从线性方面进行研究,而且采用 Heckman 两步法分析汇率波动对企业的非线性影响,以期达到汇率波动对企业出口、企业价值及生产率影响的正确测度。准确分析不同类型企业的依市定价能力,分析汇率波动对企业生产率等的影响,有助于管理者制定恰当的汇率政策，有助于企业应对汇率波动风险，制定企业的经营战略。总之，通过本书分析，为企业应对汇率波动提供政策指导，这对中国外向型企业在国际市场上的健康快速发展来说具有十分重要的现实意义。

本书基于企业层面分析汇率波动的微观效应，为研究汇率波动对中国工业企业的影响提供了微观基础。

1.3 相关概念界定

鉴于本书的研究视角和研究目的，汇率波动的界定和测度是本书理论和实证分析的重要基础，同时，为了使得本书的分析更为具体，需要对汇率波动、汇率传递、企业价值和企业生产率等相关概念进行具体界定。

1.3.1 汇率波动

波动是指随机变量偏离均值的幅度。在经济发展过程中，许多经济变量都存在不同程度的波动。汇率作为对外贸易过程中的关键要素，其不仅受到外汇市场供求的影响，还受到双方国家货币政策、通货膨胀、经济发展水平的影响，因而根据汇率平价理论以及相关汇率定价理论，汇率时刻处于波动状态。然而，汇率变量本身有多种形式，要想准确界定汇率波动，就必须首先确定汇率的含义。

汇率可以分为名义汇率、实际汇率、名义有效汇率和实际有效汇率。名义汇率是一种货币以另一种货币为基础的价格，其最为直接，因而被称为"市场汇率"，其变动主要受到外汇市场供求关系的影响。但是由于价格水平不同等原因，名义汇率不能够直接反映出国家商品的竞争力。实际汇率则用两国价格水平对名义汇率进行调整，其对企业决策来说更为重要。有效汇率是一种加权平均汇率，通常以对外贸易比重为权重。而有效汇率指按照本国与各国对外贸易额为权重，对本国与各国汇率与基期之比进行加权平均。有效汇率衡量了一个国家贸易商品的国际竞争力，因此，本书的汇率波动是指采用人民币实际有效汇率的波动。

汇率波动包括了汇率升值和贬值，本币升值，则国外商品变得相对便宜，本币贬值，则国内商品变得相对便宜，汇率升值和贬值对商品价格的影响相反，因而对企业生产投资决策的影响不同，但是如果企业在长期内能够对汇率进行预期，那么，将不会对其生产产生太大影响。然而，从本质上讲，汇率的变化具有不确定性，汇率波动对企业来说是一种风险，无论升值还是贬值，企业采用应对措施都需要花费财力和精力，或多或少要付出一些代价。因此，汇率波动可以认为是企业面临的关税壁垒，是企业的一种成本。

1.3.2 汇率传递

汇率传递指的是汇率变化所引起的进出口价格变动。具体而言，当汇率变化1个百分点时，进出口价格变动的幅度。在直接标价法下，如果出口国货币相对进口国货币汇率上升（下降）1个百分点，以外币计价的出口商品价格下降（上升）1个百分点，则汇率完全传递，即汇率变化部分完全由进口商承担。如果出口国货币相对进口国货币上升（下降）1个百分点，以外币计价的出口商品价格保持不变，则汇率完全不传递，即汇率变化部分完全由出口商承担。如果出口国货币相对进口国货币上升（下降）1个百分点，以外币计价的出口商品价格（下降）上升的幅度低于1个百分点且不为零，则汇率传递不完全，即汇率变化部分由进出口商共同承担。

1.3.3 企业价值

企业价值是指企业作为特定资产综合体在公允市场上所具有的价值，其与企业的财务决策密切相关，体现了企业资金的时间价值、风险以及可持续发展能力。企业价值内涵丰富，是衡量企业发展状况的重要指标，经济学上对企业价值的解读通常归纳为三类：一类是以马克思的劳动价值论为基础的企业价值。企业作为一种特殊的资产，是各种要素资产的整体组合，是人类体力劳动和脑力劳动的结晶，因而具有使用价值和交换价值；另一类是以效用价值论解释的企业价值。对于企业而言，企业的效用体现在企业能够带来预期收益，所以，企业未来收益的大小决定着企业价值的高低；还有一类是以古典经济学的价值论解释的企业价值。在市场经济条件下，商品的价格由供给和需求双方共同决定。当供给等于需求时，市场达到均衡，此时的价格便是企业商品的价值。而从经济学的观点分析，企业又具有一般商品的属性，因此，企业也可归纳为商品，当市场均衡时，交易价格便是企业的价值。

费雪认为，任何财产或财富的价值均来源于它能够产生货币收入的权利，而这种权利的价值通过对未来预期收入的折现获得。对于确定性条件下的资本投资，投资项目的价值就是其未来预期现金流量采用相应风险利率折现后的现值，即未来收入的资本化。

综上所述，本书认为，应该从整体、系统、发展的观点理解企业价值。企业价值不是企业资产的价值，而是企业在现有基础上的获利能力价值和未来预期获利能力价值之和，具体到微观个体，则集中地体现在企业的营业利润这一指标上。对于本书的研究对象工业企业而言，营业利润无疑是影响企业价值高低的核心因素。因此，本书选取营业利润作为衡量企业价值高低的指标，进而分析汇率波动对企业价值的影响。

1.3.4 企业生产率

生产率是企业的产出与投入的比值，用公式表示为：生产率 = 产出/投入。根据国家整体的投入产出，可以计算出国家层面的生产率，这在国际比较中经常采用。同理，对于不同的地区或者行业都能够计算相应的生产率。宏观层面的投入和产出数据经过微观数据汇总，可能会产生较大误差，或者对企业的个体差异进行了平均，反映不出企业生产率的异质性。因此，本书的生产率主要是利用企业的投入和产出计算出的企业生产率。

根据投入变量的不同，可以分为劳动生产率、资本生产率、能源生产率等；按投入要素数量可以分为单要素生产率、多要素生产率和全要素生产率。这里"全"的意思是经济增长中不能分别归因于有关的有形生产要素的增长的那部分，因而全要素生产增长率用来衡量除去所有有形生产要素以外的纯技术进步的生产率的增长。虽然劳动生产率、资本生产率可以反映出企业劳动素质水平，资本效率，但是其不够全面，且单要素生产率容易受到其他未包含投入的影响。企业的劳动生产率之所以较高，其原因可能在于所拥有的先进技术设备，而不是劳动技能水平的提高。由于全要素生产率考虑了所有有形的投入变量，因此，不同企业间具有了对比的基础。在此基础上，本书把全要素生产率作为生产率的替代指标。

狭义的全要素生产率就是指技术进步，因而技术进步是生产率进步的根本动力。技术效率则是指在技术水平一定时，企业能够把该水平状况下的产能充分发挥出来的能力，如有些企业组织结构合理，管理制度完善，产品生产中的效率损失较小，因而在同等技术状况下生产率也较高。除此之外，只有企业劳动要素和资本要素的配置处于最优比例，才能充分发挥配置效率，提高企业生产率。最后，如果企业的规模报酬可变，且企业由于规模太小而处于规模报酬递增阶段，或者企业规模太大而处于规模报酬递减阶段，那么，企业可以通过改变运营规模来获得生产效率的提升。汇率波动这种外部冲击也会影响企业决策，特别是对技术创新投入的决策，影响企业的生产效率。

1.4 研究思路与研究方法

1.4.1 研究思路

本书的研究思路是在人民币汇率弹性，人民币汇率的波动幅度进一步扩大，人民币汇率波动日趋频繁的背景下，探讨人民币汇率波动是否对我国企业产品出口价格、企业出口行为决策、企业价值、企业生产率等产生影响以及影响程度。同时探讨企业的融资约束状况会不会减轻汇率波动对企业生产率的作用程度。

古典贸易理论主要从进出口总量上研究汇率波动的经济效应，但是，这种研究方法的局限性越来越突出，这是因为进出口总量只能研究商品总量与价格整体的联动效应，而价格对汇率波动的反应、进出口数量对汇率波动的反应则无法测度，更无法研究汇率对技术进步的作用。随着国家统计制度的健全，企业数据的不断完善为此提供了必要条件，企业是进出口的微观主体，汇率的波动可以直接影响到企业的进出口决策。本书从企业进入或退出外贸市场的决策、进而影响到进出口货物的总量和价格的调整的角度出发，从微观视角分析汇率波动对企业不同方面的影响。

一方面，当汇率波动时，企业的盈利能力将会受到影响，生产率低的企业盈利能力不确定性增大，因而可能退出外贸市场，生产率高的企业抵抗汇率风险的能力较强，因而可能继续对外出口，最终使得出口企业的生产率较高，非出口企业虽然不从事进出口业务，这类企业的生产率可能相对较低，受汇率波动的影响也可能不同程度地存在。另一方面，出口企业的技术进步、创新会传导至非出口企业，从而提高其生产率。金融的发展可以为企业提供更多的融资渠道，当企业融资能力较强时，其可以通过融资来回避汇率波动的风险，只有长期的单边汇率走势才会改变其进出口策略，影响企业价值，进而影响其生产率。本书的具体思路如下：

第一步：首先明确研究目的和研究内容；然后结合研究目的，进行文献回顾、数据收集；最后得出该课题得以进行的理论基础。

第二步：在感知汇率波动和企业微观特征基础之上，首先构建汇率波动对企业影响理论模型；然后分析汇率变化对出口产品价格的影响，分析汇率波动对企业出口行为、企业价值和企业生产率的传导机制。在传导机制分析中，本课题的理论逻辑为，汇率波动直接影响企业的进出口、利润率，企业为了生存，要么退出外贸市场，要么提高 R&D 支出，进而提高生产率。此外，出口企业的技术进步、创新可以传递给非出口企业，间接提高非出口企业的生产率，同时，企业融资能力的提高可以有效减弱企业的汇率风险，从而减弱汇率波动对生产率的影响。

第三步：选取合适的解释变量及其形式，控制变量，建立面板数据模型。

不同企业出口相同产品到相同目的地，同一企业的某种产品出口到不同目的地，类似这样的各种情况下，汇率的变化对出口产品价格的影响是首先要搞清楚的。对于汇率变化对企业出口产品价格的影响的分析，以汇率变化为主要解释变量，此外，为了从企业异质性的视角分析人民币汇率变化对出口商品价格的传递程度，加入了企业所有制与汇率变化的交互项以及贸易方式与汇率变化的交互项，以此，实证测度所有制差异以及贸易方式异同对人民币汇率传递的影响，以观察不同类型企业的依市定价能力。

对于汇率波动对企业出口行为的影响，构建第一阶段的出口参与决策方和第二阶段的出口决策方程。由于存在选择偏差，即不可能得到选择不出口的企业在出口的情况下的出口规模，故采用 Heckman（1979）两阶段样本选择模型估计汇率波动对企业出口行为的影响，构建第一阶段的出口参与决策方和第二阶段的出口决策方程。此外构建退出决策模型估计汇率波动对企业出口决策影响。

对于汇率波动对企业价值的影响分析，旨在回答人民币汇率波动对我国企业价值的影响，不同类型的企业之间是否存在异质性。在这里的分析中，将企业利润作为衡量企业价值的指标，运用短面板数据的计量分析方法。在模型中除了汇率波动这个关键因素外，在模型中加入了影响企业价值的其他因素，还控制了行业和区域的个体效应。考虑到企业异质性会使得汇率波动对企业价值造成的影响有所差别，引入能够体现企业异质性的重要指标作为控制变量，其次引入虚拟变量对全样本企业进行分组，充分反映不同企业所面临的不同内外部资源。

对于汇率波动、融资约束对企业生产率的影响，以汇率波动和融资约束为主要解释变量，在此基础上，把企业规模、盈利能力、资本密集程度和管理水平等控制变量加入方程。除此之外，分别加入企业所有的虚拟变量和进出口的虚拟变量。为了研究放松融资约束能否缓解汇率波动对企业生产率的影响，在模型中加入汇率波动与融资约束的交互项。

第四步：依据计量结果分析并总结汇率波动对企业的影响，并对进出口企业应对汇率波动提出建议。

1.4.2 研究技术路线

根据本书研究目的和研究思路，首先总结已有研究成果，按照从理论上对汇率波动如何影响企业的微观行为和企业绩效，并且采用实证分析方法进行检验和分析。本书的技术路线如下：

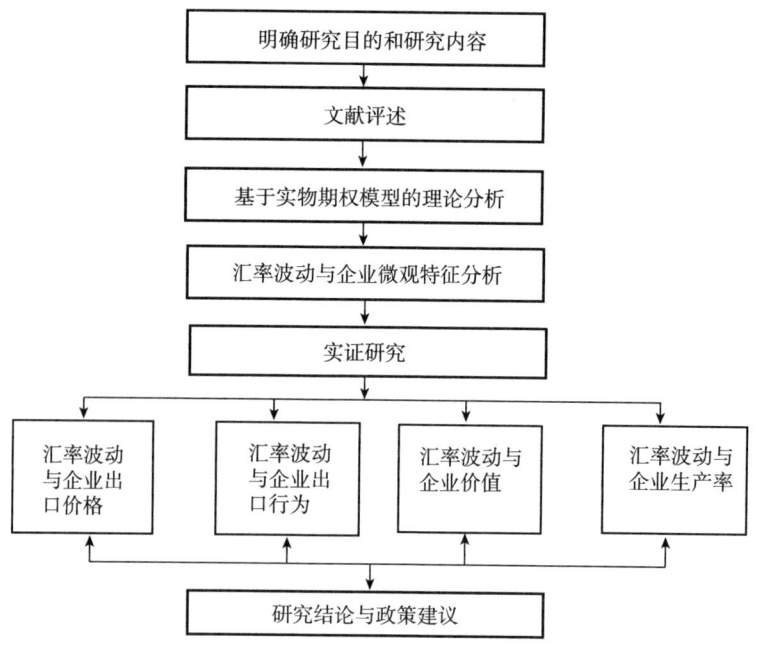

图1-1 本书研究结论与政策建议

1.4.3 研究方法

（1）理论分析与实证分析相结合

汇率与众多经济现象存在普遍的联系。从汇率对企业的影响来说，既有先行后续又有引起与被引起的关系。本书首先以汇率波动对企业的影响机理为基础进行理论分析，且通过理论模型进行了推导。然后以1999—2013年中国工业企业数据和海关数据为样本，通过构建计量模型进行了实证分析。在实证模型中，本书以汇率波动为影响企业行为和绩效的主要影响因素，从不同角度分析了汇率波动对企业影响的微观效应，包括汇率波动对企业出口价格、企业出口行为、企业价值和企业生产率的影响。最后根据前文的研究结论，提出政策建议。

（2）文献研究法

文献研究法是最重要的也是最基本的研究方法之一。本书通过收集、鉴别与整理国内外相关文献，确定了研究主题，即基于企业视角的人民币汇率波动微观效应研究。通过梳理国内外文献，多数学者从不同角度研究了汇率变动及其影响因素以及其对企业的影响，但是研究汇率波动对企业微观效应影响的文献较少，而以中国工业企业数据和海关数据为样本的研究更少。因此，本书基于文献分析法，确定研究的主题和思路、研究内容。

（3）描述性研究法

描述性研究是实证分析的基础，可以直观地反映经济现象特征及其变化趋势。在研究的过程中，大量使用了描述性分析法，对汇率走势、汇率波动、企业数量、出口类型及企业财务等指标进行了分析，可以对我国企业特征有直观的认识，为进一步实证分析汇率波动对企业出口价格、企业出口行为、企业价值和企业生产率的影响做了铺垫。

1.4.4 数据来源与处理

本书利用中国海关数据和中国工业企业数据检验了汇率波动对企业影响的微观效应。在实证分析过程中，因不同章节研究目的的不同，选取了不同的数据样本，并且对数据进行了不同处理。

（1）本书第五章采用中国海关2000—2006年出口数据。研究指标不涉及企业财务数据,不需要对中国海关数据和中国工业数据进行匹配。中国海关出口企业的数据来源于海关总署,包括了按月汇总的中国境内所有出口企业数据。数据指标丰富,内容全面。为了尽量剔除企业贸易额和贸易量以及汇率的季度波动性,本部分按年份来估计人民币汇率传递率。根据本部分研究的需要,删除一些信息不完整的企业数据。

(2) 本书第六章、第七章和第八章采用1998—2013年中国工业企业数据。这个数据库收录了大量企业的主要经济指标,具有长期、大样本和多指标等优势,但是由于其数据收集途径为企业主动上报,而整理发布该数据的机构也非学术研究机构,该数据存在指标缺失、指标异常、统计误差等问题。为了保证经验研究的准确性以及研究需要,对数据进行了整理。具体对满足以下任何条件的数据进行了剔除:①企业雇佣人数小于等于8人;②企业成立时间在1949年之前或生存年龄小于0以及成立时间无效的企业(开业月份小于1或大于12、开业年份大于统计时所在年份);③企业利润率(营业利润/营业额)超过100%;④总资产小于固定资产、总资产小于固定资产净值;⑤营业收入、出口交货值为负,非国有企业主营业务收入低于500万元;⑥非国有企业主营业务收入低于500万元;⑦营业利润、行业代码、地区代码缺失的样本。

另外,在以上数据处理的基础上,第六章、第七章和第八章根据研究不同研究目的分析进行了处理:第六章和第八章分别删除了工业总产值、销售额、总资产、固定资产净值、固定资产合计、从业人数为负、小于零或缺失,并且剔除了上述指标数值最大和最小1%的数据;第七章仅删除了销售额、资产总计和固定资产合计为负或者缺失的数据,并且剔除了以上指标数据最大和最小1%的数据。

1.5 创新点

本书的创新点主要体现于:
(1) 利用实物期权定价模型分析了汇率波动对企业的影响机理。
本书把汇率传递以及汇率波动对企业出口行为、企业价值和企业生产率的影响纳入一个整体框架内,分析更为全面,逻辑性更强。汇率变化时,参与对外贸易的厂商按照利润最大化的原则,首先对产品价格和数量进行调整，产品价格的调整导致企业出口行为的变动，这不可避免对企业的经营业绩产生影响，企业价值相应上下浮动，企业出口行为的变动以及企业价值的上下浮动将会传导至企业生产率层面。研究内容层层递进，符合汇率波动对中国外向型企业影响的传导路径。

（2）基于汇率传递效应，分析了汇率波动对企业出口价格、出口行为、企业价值和企业生产率影响的传导途径和影响程度。

从企业视角分析了汇率波动对中国外向型企业的影响。而企业异质性的存在，使得汇率波动对不同类型企业的影响存在差异。如果不对此加以考虑，所得结论仅仅反映了汇率波动对企业影响的平均效应，无法对汇率波动下不同企业的差异性行为加以说明。因此，在进行具体的实证分析时，充分结合企业层面的差异，借助相关面板模型，较为准确地测度了汇率波动对不同类型企业的出口价格、出口行为、企业价值以及企业生产率的影响程度，充分考虑了企业异质性。

（3）从本书研究结果上看，得出了一些令人深思的结论。

首先，在人民币汇率形成机制上，要稳步推进，不然，汇率波动就要对企业造成不利影响，企业的出口意愿下降，出口规模缩小，企业价值变低，企业生产率下降，影响国民经济的发展。提出用缓解融资约束来减小汇率波动对企业生产率的冲击，让企业敢于进行技术创新的投入，通过经济的正外部性促进经济发展。

第二章 汇率相关理论与文献综述

2.1 汇率变动相关理论

2.1.1 汇率的决定

汇率是指一种货币兑换另一种货币的比率，是通过一种货币来表示另外一种货币的价格。从本质上讲，汇率是一种相对价格。

（1）金本位下的铸币平价学说和国际借贷说

从历史和逻辑的角度看，最早探讨汇率决定理论的是金本位下的铸币平价学说。金本位下的铸币平价学说认为两国货币的价值量之比实际上是货币的法定含金量之比，也就是铸币平价，它是汇率的基础。在金本位制度下，因外汇的供求变化，实际汇率围绕铸币平价浮动。只要黄金自由流通，不出现银行券超过黄金储备的过量发行，汇率就在黄金输送点之间波动。

1861年，乔治·葛迅（George Goschen）提出了国际借贷说。国际借贷学说认为决定汇率因素为外汇市场的货币供给和需求，而货币供给和需求来源于国际收支经常项目和资本项目的收支差额，国际收支差额形成一国对外的债权债务。

铸币平价学说和国际借贷说理论都是在金本位制的背景下提出的，无法解释在纸币流通制度下通货数量增减引起的汇率变动问题。

（2）金本位下的铸币平价学说和国际借贷说

世界各国都先后实行纸币流通的货币制度，标志着金本位制的崩溃。在纸币货币制度下，汇率受到的影响因素更多。1923年，凯恩斯对利率与汇率的关系做了系统阐述，提出了利率平价理论。利率平价理论认为外汇市场参与者包括投资者和投机者，投资者和投机者参与外汇市场的动机在于获取该货币的预期收益率。当不同货币的预期收益率存在差异时，投机者便会在市场上借入预期收益率低的货币,兑换成预期收益率高的货币,到期日再反向兑换成原货币进行偿付,从中获取无风险收益率,实现无风险套利。因此,由于利率之差的缘故,就会有投机者存在。最终,通过市场上的价格这只无形的手,各类货币在不同货币市场上只能具备相同的收益率,套利机会不存在。同时,汇率也随着利率的变动而变动。

然而,凯恩斯的利率平价理论是采用马歇尔局部均衡分析的,是一个关于各国货币间的局部均衡模型,汇率只由外汇市场所决定,并没有涉及其他宏观经济因素。弗莱明将利率对汇率的影响拓展至开放经济条件下的一般分析,除了外汇市场,把商品市场和货币市场也纳入分析框架,形成蒙代尔—弗莱明模型。具体而言,一国商品市场和货币市场达到均衡时,决定均衡产出水平和利率水平,利率的变动引起汇率的变动,汇率的变动进一步导致国际收支的变化,反映在商品市场上国际进出口发生变化,进出口的净值反过来引起国内商品市场的改变,从而决定新的产出水平和利率水平,直到实现产品市场、货币市场和外汇市场三者同时均衡。之后,奥布斯特费尔德(Obstfel)和罗杰夫(Rogoff)引入名义价格刚性和不完全竞争,建立了 OR 模型,为蒙代尔—弗莱明模型提供了微观基础。OR 模型从开放经济的动态最优化视角出发,分析开放经济在初始状态和外在条件变化进行调整的多期运行状态。

(3) 资产组合平衡理论

20 世纪后期,在金融市场和经济研究中,资产组合理论有了长足发展和应用,资产组合平衡理论也随之兴起。资产组合平衡理论将资产组合理论引入传统的汇率决定理论,把外汇、本国货币和本国债券一同视作金融投资产品。投资者通过收益—成本分析,决定配置各类资产,资产份额的配置就是对该类资产的需求,但是,资产配置需求受到资产供给和个人财富总额的约束。资产配置的最佳比例决定了各类资产的需求,从而决定资产的价格,汇率作为金融产品,也由此而决定。资产组合平衡理论模型既考虑了货币金融层面的变动和实体经济的变化对汇率的影响,又融入了资产组合思想,从价格形成机制考察汇率水平决定的理论中有所突破。但是,资产组合平衡理论在实证检验中未能取得较好的效果,甚至比不上随机游走模型的预测能力,这使得资产组合平衡理论模型受到了极大的挑战。

(4) 理性预期理论

针对实证难以支持资产组合平衡理论的困惑,马萨(Mussa)在 1979

年提出了"新闻模型",把理性预期纳入汇率决定理论中,形成理性预期理论的雏形。最初的理性预期理论将人们对汇率预期值进行修正的新的信息统称为"新闻",并认为可预见到的即期汇率的变化是由基本经济变量的"新闻"引起的,或者说,由消息引起的。在即期汇率与远期汇率期间会不断有"新闻"出现,从而导致远期汇率是即期汇率难以保证是无偏估计,汇率从而频繁发生变动,并且由于"新闻"的不可预见性,使得汇率的变化呈现随机游走特性。这种以"新闻"为基调的理性预期理论模型存在两个缺陷:一是忽略理性投机泡沫;二是没有界定"新闻"具体内容,"新闻"具有一定的模糊性。

尽管"新闻模型"能够解释在外部经济变量发生变动时的汇率变动的原因,但"新闻模型"无法解释在经济变量未发生较大变动时汇率却是暴涨暴跌。针对"新闻"模型难以解释经济变量没有发生多大变动而汇率变化却很大的这一缺陷,布兰查德(Blanchard)和多恩布施(Dornbusch)建立了理性预期模型。理性预期模型认为当期初由于外部条件导致汇率偏离其正常轨道时,便会产生泡沫的源头。在理性预期下,市场参与者预期汇率将进一步偏离均衡水平,投资者之所以继续购买被高估的货币,是期望能够在汇率最终回到基本经济变量所决定的均衡值之前将货币卖出。在市场投机的推动下,泡沫随着汇率的快速上升而膨胀,投机者会在每一期结束前判断泡沫破灭的概率,汇率上升越高,泡沫破灭的概率就越大,为了补偿投资者承担的高泡沫破灭风险,汇率必须以更快速度上升,这又进一步推动了泡沫的膨胀。因此,理性预期理论认为,初期的偏离在理性预期的条件下会导致汇率理性泡沫的生成,并会进一步加速膨胀。

(5) 微观市场结构理论

与以上理论不同,微观市场结构理论认为,相较于宏观经济指标,汇率更多地由参与者行为特征和市场特征决定。Lyons(2001)提出,汇率波动的直接原因在于市场的参与者间掌握不同的信息或者各自对信息的理解不同,具有异质性的特征。汇率市场与一般的传统产品市场不同,汇率市场是具备银行间交易市场和银行与客户间的两类明显不同的二层交易机构的分割市场,银行间交易市场和银行与客户间交易市场的交易机制存在明显差异。银行间市场多以做市商机制完成,透明度较低;而银行与客户间的零售市场较为透明,从而造成了不同市场间的信息不对称。同时,私有信息及其集合的过程对汇率的变动产生重要影响。外汇市场的订单流和做市商报出的买卖价差是关键的微观金融指标,它传递和反映着市场私有信息。订单流是内部信息的重要源泉,汇集各个交易者私有信息的订单流能够很好地说明国际金融市场上主要的外汇的供求状况和基本走势。做市商报出的买卖价格则与汇率波动性直接相关。

2.1.2 汇率变动对经济的影响

汇率变动可以影响一国的进出口,当本币贬值时,出口商品需求增加,有利于扩大出口,且同时进出口商品成本上升。相应地,汇率变动进而对劳动力市场产生影响,使就业率发生变化。本币升值导致出口市场缩减,这将会减少就业。汇率变动还会引起资本市场上的变化,如本币贬值时,本国资本为了防止货币贬值造成的损失而将资本转移至国外。通常,汇率变动会对一国的通货膨胀产生影响,当本币贬值时,本国出口商品增加,进口商品减少,从而使得国内商品供应相对减少,并且,本币贬值有利于外国资本的流入,使得本币供应增加,增加本国通货膨胀的压力。

总之,汇率变动对一国经济产生较大的影响,如果汇率稳定,则有利于贸易的稳定;相反,如果汇率波动较大,则会增加对外贸易活动中的风险,阻碍国际贸易的顺利进行,不利于全球经济发展。

汇率波动会对经济产生影响,反过来,经济的变动也会影响汇率。国际借贷理论认为经济增长可以打破国际贸易中进出口产品需求的均衡,从而引起汇率波动。购买力平价理论则表明物价水平的变化将引起汇率波动。当然,现实中外汇市场并不是完美的,汇率波动会受到一国的外贸政策、进出口商品结构和货币的可兑换性等的影响。

2.1.3 企业面临的汇率风险

企业在涉外经济活动中,要涉及不同货币的兑换,因而若汇率变动超出预期,企业可能会产生损失。汇率变动是产生外汇风险的直接原因,对于企业来说,其经营活动需要以本币来进行结算,如果其在国外有以外币表示的债权,那么本币突然升值将使其实际债权受到损失;当然,如果本币贬值,那么其反而会获得额外收益。但一次损失有可能使企业产生巨大亏损甚至破产,因而企业必须采取相应的汇率风险防范措施,降低收益的不确定性。

交易风险是企业面临的主要汇率风险。一般来说，企业在对外贸易时，以外币计价的商品从签订合同到付款需要经过生产、运输等环节，时间可能长达半年甚至一年，如果在企业收款前，汇率发生大幅变化，那么企业就会面临交易风险。交易风险的前提是产品的销售和支付分开，即汇率变动前产品已销售，因而汇率变化不会影响产品需求，汇率变动只影响支付价格。企业在对外经济活动中产生以外币表示的债权或者债务，如果债权大于债务，那么当本币升值时企业进行结算将受到损失，如果债权小于债务，那么本币贬值时企业进行结算将受到损失。

会计风险是企业对外活动中面临的另一个汇率风险。对于跨国企业来说，在其全球性统一经营中，资产与负债采用子公司所在国的货币来计算，但根据会计制度，公司在计算财务报表时必须把多种货币表示的资产与负债统一用母公司所在国货币来表示。虽然这一过程中没有实际的资金流动，但是由于受到汇率变化的影响，其资产负债表中某些项目的价值也可能发生改变，产生损益。会计风险主要与企业过去的经营活动有关，如果母公司所在国的货币持续升值，那么当期末子公司的资产折算成母国货币时就会发生账面损失，若这部分海外资产所占比重较高，则对母公司的财务状况产生较大冲击，甚至会影响到公司的股票价格和企业价值。

经济风险是企业面临的间接的汇率风险。生产成本、商品价格是企业经营中的重要决策因素，汇率变动会引起进出口商品的价格、生产成本发生变化，对企业的收益产生影响。当本币贬值时，出口商品外币表示的价格下降，需求增加，因而这会增加出口，企业获益增多；如果企业生产的主要原材料依赖进口，那么，本币贬值会增加企业成本。因而，汇率变动对企业净收入存在正反两个方面的影响，汇率对企业经营的影响应根据企业的实际情况具体分析，如销售市场规模和份额，产品需求弹性，国内外替代产品的价格，生产要素间的可替代性，企业管理水平等。虽然经济风险是一种间接风险，但是对于某些进出口依赖较强的企业，经济风险直接关系到其生产经营及盈利能力。

2.2 汇率波动与企业出口价格

关于人民币汇率对于企业进出口贸易影响的研究主要集中在四个方面：

出口产品价格，出口产品质量，企业投资和外贸企业进出口额。出口产品价格受到汇率影响主要是因为当汇率发生变化时，出口商会随汇率调整本币价格加成，以维持外币价格和市场份额稳定。汇率传递是指汇率变动对一国进出口产品价格的传递。当前的研究普遍认为人民币汇率变动对我国出口价格的传递是不完全的。即我国外币出口的价格小于汇率变动的幅度或人民币出口价格随汇率波动的调整幅度不为零，例如，毕玉江和钟朱棣（2007）的研究不仅显示中国商品出口价格的汇率传递程度不完全，而且不同分类之间存在较大差异。文争为（2012）采用单方程动态分布滞后和 VaR 两种模型，实证估计了人民币汇率变动对我国出口价格总指数的动态传递效应，估计显示长期的人民币汇率出口价格传递率呈上升趋势。人民币汇率变动对我国出口边际成本无显著影响。

2.3 汇率波动与企业出口产品质量

许家云等（2015）使用离散时间生存分析模型进行分析发现，人民币实际有效汇率升值显著缩短了出口低质量产品的企业出口持续期，但却可以延长出口高质量产品的企业出口持续期。其中，产品质量的测度是采用 Hallak 和 Schott（2011）和施炳展（2014）的事后推理方法。研究还表明，人民币升值能够促进企业出口产品质量的提升，但该效应的显著程度除了受到企业生产率水平、融资约束、所有制类型和贸易方式的影响外，还与企业的进入退出行为有关：人民币升值有利于新进入企业的产品质量提升，但人民币升值不利于退出企业的产品质量提升。同时，利用算术加权法和几何加权法测算出人民币实际有效汇率后可以得到，人民币实际有效汇率升值有利于新进入产品的质量提升，但不利于退出产品的质量提升的结论。

2.4 汇率波动与企业出口规模

2.4.1 宏观视角下的汇率波动与企业出口规模

关于汇率波动对企业出口影响的研究，早期文献主要从贸易总量的角度分析汇率波动对企业出口的影响，结果表明汇率波动会产生负面的影响，比如 Clark（1973）研究了汇率波动与国际贸易水平和投资之间的关系，认为汇率波动带来的风险会降低国际贸易水平，对国际贸易产生了负面的影响。Thursby（1987）、Cushman（1983）和 Chowdhury（1993）等人的研究也得出汇率波动会对一国出口贸易产生负面冲击的结论。

但是，还有一部分学者认为，汇率波动对于一国企业总出口的影响是不确定的，既有正面的冲击，又有负面的冲击。

Sauer 和 Bohara（2001）使用了大量的面板数据来研究工业化国家和发展中国家汇率波动与出口的关系。研究结果表明，汇率波动对发展中国家出口存在负面的影响，特别是拉丁美洲和非洲国家，但是对亚洲发展中国家和某些工业化国家的出口并没有显著的负面影响。Tenreyro（2015）认为之前名义汇率波动对贸易影响的经验研究可能存在系统偏差，采用工具变量法来解决此偏差，结果发现名义汇率波动对贸易的影响不显著。

还有学者（Qian 和 Varangis，1992；Vita 和 Abbott，2004）基于双边贸易的角度研究了汇率波动对一国出口贸易的影响，Qian 和 Varangis（1992）研究发现汇率波动对加拿大、日本、美国和澳大利亚等国家的企业出口有负面的影响，而对瑞典、英国和荷兰则有正面的影响。Vita 和 Abbott（2004）的研究结果表明在大多数情况下，企业的出口量明显受到汇率波动的影响，但是这种影响方向和程度因贸易出口的目的地不同而存在差异。

2.4.2 微观视角下的汇率波动与企业规模

由于采用总量方法分析汇率波动对企业出口的影响时，默认以下这个重要的假设条件成立，即假设在各国之间、在各类产品之间汇率波动对企业出口的影响是对称的。但是，如果这种假设不成立，那么得出的结论也就会产生偏差（McKenzie，1999）。所以，也有许多学者从总量法以外的其他角度来分析汇率波动对企业出口的影响。

关于人民币汇率对企业进出口贸易的影响的研究主要集中在进出口企业的面板数据的处理和人民币实际有效汇率的估计，其中，为克服简单最小二乘法带来的内生性问题，多采用的是算术加权法或几何加权法。例如，李宏彬等（2011）采用了与 Berman 等（2010）研究类似的模型，对人民币实际有效汇率变动对我国 2000—2006 年不同所有制企业出口值与进口值的影响进行了估计，研究结果表明，人民币实际有效汇率升值会减少企业出口值和进口值，因而改善我国贸易收支不平衡的作用比较有限。另外，私营企业、高科技和资本密集型行业中的企业以及东部和南部沿海地区的企业，其进出口值在人民币升值过程中遭受冲击最大。张明志和季克佳（2017）基于企业层面垂直专业化角度研究人民币汇率对企业进出口关系的影响，以2000—2006年我国海关交易数据为研究样本，实证结果显示，人民币汇率的上升降低了企业出口关系进入的概率、提高了企业出口关系退出的概率。

李广众等（2004）从商品层面，利用1978—1998年不同国家出口的平行数据，采用似不相关估计方法对我国出口商品需求方程系统进行了估计，实证结果表明，汇率风险项的回归系数的符号随着商品类别和所属国家不同而有所不同，即出口不同商品或所属不同国家的企业的出口受汇率波动的影响存在差异。

部分学者（Bahmani–Oskooee等，2014；Hegerty，2014）从行业角度分析汇率波动对贸易的影响，结果发现只有部分行业受到负面影响，有些行业还会受到正面影响。袁申国和郑雯（2015）基于国际标准行业分类，以中国1992—2013年65个不同的出口行业和进口行业为研究样本，采用自回归分布之后模型和误差修正模型实证分析了人民币实际有效汇率波动对不同行业进出口的影响。发现汇率波动对不同的行业均存在显著影响。Bahmani–Oskooee等（2014）实证表明韩国148个出口行业中只有20个行业受到汇率波动的负面影响，而144个进口行业中有8个受到负面影响，14个受到正面影响，且小企业的汇率风险更大。逯宇铎等（2017）发现对于我国电子及通信设备制造业，人民币汇率升值对企业总体及一般贸易出口国外增加值率（FVAR）有显著抑制作用，但对加工贸易出口有促进作用。

关于汇率波动对企业出口行为的影响，早期的研究主要采用总量方法进行分析，不同学者采用不同的样本和研究方法得到的结果存在一定差异。随着对汇率波动研究的不断深入，许多学者开始基于总量方法以外的方法研究汇率波动对企业出口行为的影响。目前，汇率波动对企业出口行为的研究重心逐渐由汇率波动对一国贸易总量的影响转到研究汇率波动对异质性企业影响上来。

国内关于人民币汇率波动对企业出口影响的实证研究主要基于宏观层面，在微观层面的研究尚且不足。

2.5 汇率波动与企业价值

外汇风险是指经济主体在持有或运用外汇的经济活动中，可能会因汇率变动而蒙受损失。Srinivasulu（1981）提出外汇风险分为三个方面：折算风险暴露、交易风险暴露和经济风险暴露。通常用外汇风险暴露系数来表示汇率波动对企业价值的影响，外汇风险暴露系数的测量方法分为两种，一种为资本市场法，另一种为现金流量法。资本市场法认为，外汇风险能影响企业的股票价格。Adler 和 Dumas（1984）首次提出外汇风险暴露可以由股票收益率对汇率波动的敏感度来度量，他们认为一单位汇率变动造成股票价值变动的大小，就是该资产的外汇暴露。Bodnar 和 Wong（2000）进一步修正了 Alder – Dumas 模型，加入市场收益因素，以超额收益率衡量公司价值，通过汇率变动与超额收益率间的回归系数反映公司的外汇风险暴露程度。Dominguez 和 Tesar（2001）认为间隔期较长的回归能够捕获汇率的长期波动并揭示汇率对公司价值的影响。

许多学者利用 Alder – Dumas 模型作为基础选取上市企业进行实证研究，证明了人民币汇率变动对企业价值的影响显著。谷任和张卫国（2012）通过构建外汇风险动态测量模型，在人民币汇率制度变迁背景下，对1999—2011年645家进出口上市企业的外汇风险暴露进行测算及决定因素进行实证检验得出：中国进出口上市企业利润都受到显著的外汇风险影响，但不同国家货币汇率波动，对我国企业的影响存在差异。其次，企业的海外成本比重、企业利润率以及海外市场份额等因素对中国进出口企业的外汇风险暴露有决定性影响。刘思跃和杨丹（2010）对制造行业进行了实证研究发现83%左右的子行业公司外汇风险暴露系数显著，且系数大多为负，在汇率间接标价法下体现了汇率与公司价值变动的反向关系。不同行业间汇率风险暴露的差异较大，各行业外汇风险暴露系数显著性程度的差异与其行业周期以及行业自身特点有关。

但是由于上市企业的股票价格受到多方面因素影响而引起波动，并不能完全体现汇率波动的影响。许多对不发达国家所进行的股票收益率与外汇波动之间的关系研究结果显示，用资本市场法度量的外汇风险暴露显著性均不是很明显。Shapiro（1990）的研究发现外汇的变动会影响公司的现金流量。例如，在有外国企业参与的市场中，商品的供求都会受到汇率的影响。因此，也有很多学者选择利用现金流量法来测量外汇风险暴露。

袁志刚和邵挺（2011）利用我国2007年全部42个行业的投入产出表，测算了所有行业的外汇风险暴露。在此基础上，分析了人民币升值对各个行业的产品出口和中间品进口的不同影响，结果显示：资本密集型和研发投入较多的垄断性行业利润率会因汇率升值而提高，劳动密集型和研发投入较少的竞争性行业的利润率则会因汇率升值而降低。针对人民币升值是否造成了出口企业利润下降，梁中华和余淼杰（2014）认为2005—2007年人民币升值后，与非出口企业相比，出口企业的权益回报率显著降低5%。但也有不同意见，张欣和孙刚（2014）认为将我国当前出口企业的低利润率完全归咎于人民币升值这一外因并不科学，出口企业自身的生产效率这一内因才是影响其出口利润率的关键，正是由于众多低效率企业与少数高效率企业并存，才拖累了整个行业的出口利润率。

对于汇率变动对公司利润产生的影响，我国学者早在2005年汇率改革之前就有所研究。陈占强（1998）将研究涉及的进出口企业分为纯出口企业、纯进口企业与进出口企业。目前学术界对于该领域的研究以出口企业为主。从2005年人民币汇改之后，国内学者越来越重视外汇风险的规避问题，但国内的研究多停留在利用金融工具可以不同程度规避风险，提高企业价值的定性分析上。鉴于汇率波动可能会影响企业的利润，部分企业利用外汇衍生品来对冲汇率风险。根据郭飞（2012）的研究，外汇衍生品使用为企业带来了约10%的价值溢价。在不同的研究中，企业价值增加的具体幅度不同。例如，斯文（2013）的研究显示溢价效应平均高达19%。但几乎所有的研究都表明我国制造业上市公司利用外汇衍生品对冲汇率风险的行为对企业价值产生了显著的正效应。这一结论也和大部分基于发达国家的研究相一致。其研究也显示，我国外汇衍生品使用的价值溢价幅度低于英国及世界平均水平，其主要原因可能是虽然我国跨国公司的出口比例较高，但外汇衍生品使用程度较低，其他可能的原因包括对冲成本较高以及公司治理水平较低等。针对汇率风险的规避方法，高扬（2005）提出为了管理外汇风险，不仅要完善即期和远期外汇市场，同时也要开展期货、互换、期权等衍生品的交易。魏爱东（2006）通过概述人民币汇率体制改革后国内工商客户以及商业银行面临汇率波动而形成的风险，在介绍了目前国内比较常用的避险工具的基础上，提出转变观念，重视汇率变化等对策。

汇率波动对企业价值造成的影响是来源于多方面的。Smith 和 Stulz（1985）将这种影响分为交易风险、换算风险和经济风险。Luo 等（2006）的看法与之类似，将汇率波动对企业价值造成的影响方式划分成直接影响有以外国货币计价的金融资产和负债的企业，直接影响有外币计价营运现金流的企业，以及改变本国宏观经济形势间接影响没有外币资产或收入的企业。前两种影响可以通过套期保值来有效规避，但第三种经济形势所造成的风险是难以避免的。Kazaz（2014）在模拟情境下推导出跨国企业利用汇率波动进行生产性套利的可能性。

Krugman（1999）提出了汇率波动对微观企业的资产负债表效应，即如果经济体中存在债务性货币错配（外币负债大于外币资产），本国货币贬值会导致企业以本币表示的外币负债增加，且增加速度大于收入的增速，造成企业的汇兑损失，降低资产负债表中以本币表示的净资产价值，导致企业的资产负债表恶化，影响信贷能力。而谭本艳和周先平（2009）的研究表明我国的资产负债存在错配，故上述影响在我国有实际意义。

研究汇率波动对企业价值的影响，最早也是最具代表性的模型由 Jorion（1990）提出：

$$R_{it} = \beta_{0t} + \beta_{2i} R_{et} + \varepsilon_{it} \qquad (2-1)$$

其中，R_{it} 代表 i 公司的股票收益率，R_{et} 代表汇率波动率，系数 β_{2i} 代表 i 公司的汇率风险。但上述模型不够具体，此后诸多学者大多在此基础上加以改进，研究企业的外汇风险。罗航和江春（2007）应用 Jorion 的 Augmented Market 模型，引进市场平均收益率的概念，发现 A 股上市公司的股票收益率对汇率波动非常敏感。褚晓飞（2010）使用相同的模型对跨国企业进行定量分析，得出结论：对于缺乏核心技术、盈利空间小且行业竞争激烈的企业，人民币升值会带来负面影响，但对于处在相对垄断地位的企业，人民币的升值反而会提升企业价值。唐韬和王彭（2015）考虑到因变量的序列相关性，引入市场指数指标改进模型，通过对人民币兑美元、人民币兑欧元和人民币兑日元三种汇率与企业价值关系的研究得出汇率上升导致企业价值下降的结论。

2008 年美国的金融危机波及全球，也使得国外诸多学者尝试用不同的方法更加深入地研究汇率变动与企业价值的关系。Pan 等（2007）在对 1997 年爆发的亚洲金融危机进行数据分析的过程中也发现，研究所涉及的 7 个东亚国家的数据中有 6 个显示存在显著的汇率对股票价格的单向相关性。

同时研究表明，不仅汇率变动与股票价格呈显著负相关关系，滞后的股价也会影响汇率变动，当货币存在升值或平稳的走势时，股价的上升能够显著带动汇率的上涨。Cuestas 和 Tang（2016）以发展中国家为研究样本，通过实证研究发现发展中国家企业非线性汇率风险暴露的非对称效应较弱。谷任和朱琳慧（2016）基于两种非线性效应构建包含了线性与非线性汇率风险暴露的测量模型，以我国自 2005 年汇率改革之后 1786 家上市企业价值面临的线性和非线性风险暴露为研究样本，研究结果发现与线性暴露情况相比，我国进出口企业和纯本土企业存在更普遍的非线性暴露。周霞（2017）以中国 2010—2015 年上市公司为研究样本，采用拓展的双因素模型实证研究了汇率波动对企业价值的影响，研究结果表明：汇率波动对企业的价值均有显著的影响。但 Granger 因果关系检验毕竟只是定性性质的检验，无法精确反映二者确切的变动关系。

Liang 等（2013）同样对 2008—2011 年国际金融危机期间的数据进行统计分析，他们首先通过面板单位根检验、面板协整检验和面板因果检验三种方式定性研究二者的关系，并采用一阶差分修正非平稳序列后，采取动态最小二乘法（DOLS）得出结论，汇率与股价在 5% 的显著水平下呈负相关关系。Reboredo 等（2016）应用 Copula 函数还发现汇率与股价之间存在尾部相关性，在汇率呈现极端下行走势的时期，这种影响在股市存在溢出效应。有部分研究者发现企业类型对研究结果也有很大影响。张欣（2014）采用面板门限模型，将门限变量设为融资约束程度，发现汇率与出口利润率的负相关关系在融资约束公司中更为明显。卢之旺（2015）的研究表明汇率波动对出口价格的影响不一，虽然汇率与出口企业的业绩整体呈负相关关系，但影响系数有明显的差异。Rambeli 等（2017）基于资本资产定价模型，以马来西亚 1992—2015 年行业股票收益率为研究对象，实证分析了汇率波动对行业股票收益率的影响。结果表明汇率波动对行业股票收益率具有较大的冲击。

2.6 汇率波动与企业生产率

相较于汇率变动（升值、贬值）与企业行为的关系，汇率波动对企业生产率影响的研究较少。这主要是因为我国自 2005 年汇改以来，人民币经

汇率波动与企业行为

历了长期的单边升值过程，无论在学术还是政策上研究汇率升值对国民经济都更具现实性。但从 2014 年开始，人民币出现了较大幅度的贬值，今后双向波动将成为我国汇率的"新常态"。任再萍和赵自兵（2010）综述了汇率波动对企业各方面的影响，汇率波动会通过交易风险、换算风险和经济风险影响企业价值，其中经济风险最为敏感；汇率波动通过替代效应和收入效应影响企业的进出口。卢之旺（2015）梳理了汇率波动对企业出口的价格传导机制：受到合同、定价权和市场份额的限制，汇率波动不能完全传递出口价格，此时企业需要根据自身情况选择最优的定价策略，成本加成定价策略可以维持单位产品的利润，却会失去部分出口市场，销售地市场价格定价策略不影响产品的需要，但可能降低单位产品收入；汇率波动具有时滞性，持续的波动对企业影响更大。但鲜有文献直接研究汇率波动与企业生产率间的关系。章贵桥（2014）发现人民币汇率波动通过成本黏性机制对企业现金流产生显著影响。詹正华等（2015）实证表明汇率波动对企业劳动生产率存在显著负面影响。张涛等（2015）将 HHI 衡量的市场结构因素纳入实际汇率波动对企业生产率的作用机制中，将企业分为从事出口的企业和不从事出口的企业，分别运用面板数据进行实证研究，结果表明，无论企业是否出口，汇率波动都会对企业生产率产生显著的负面影响。

汇率波动对企业生产率影响存在两种不同的理论，一种认为汇率升值可以通过竞争效应促进生产率提升，另一种则认为汇率贬值增加企业引致的规模效应来促进生产率提高。技术创新是企业生产率提高的动力之一，企业应用新技术早期将出现暂时的产量下降，Holmes 和 Schmitz（2008）将这种成本称为转换成本，并且认为竞争可以降低这种转换成本；汇率升值将加速企业面临的竞争，从而企业更倾向新技术的应用，在长期内生产率获得提升。Tang（2009）认为汇率升值时，企业在面临竞争时将通过采用新技术提高生产率，对 1997—2006 年加拿大的研究发现，加元升值促进了劳动生产率提高。Tomlin 和 Fung（2010）研究表明汇率升值降低了企业出口，同时导致进口竞争加剧，从而低效率企业退出市场，由于市场规模缩减，存活企业规模不经济导致生产率降低。研究期限差异可能是导致汇率变动对生产率影响结果不同的原因，Harris（2001）认为短期汇率贬值可以提高生产率，但是持续的汇率贬值对长期生产率产生负面影响。张德进和王洛林（2012）讨论了汇率波动对企业生产率的影响途径：一是资本要素与劳动要素配置效应：汇率变化影响进出口产品价格，企业根据利润最大化原则调整资本设备投资和最优劳动比，进而影响到企业生产率。二是企业选择效应：汇率变动使企业的进出口风险加大，本国企业在国际市场竞争力更强，此时，低效率的企业退出出口市场，生产率高的企业进入或维持出口，企业整体生产率随之提升。三是规模经济效应：人民币升值下企业优胜劣汰，引致企业兼并重组，企业生产规模可能扩大，企业从规模经济效应中获得生产率提高。四是新技术的转化成本：汇率升值可用通过企业间的竞争降低发明新技术的转化成本，从而激励企业加大创新力度，提高生产率。何砚（2017）以2000—2006年我国制造业企业数据为研究样本，采用DID方法分析发现人民币升值显著提高了出口企业的创新能力，并且随着企业出口强度的提高人民币升值对企业创新能力的作用显著增强。

汇率波动对企业全要素生产率的影响与信贷发展水平密切相关，金融发展水平在降低汇率波动对生产率冲击方面具有重要作用。Aghion等（2009）认为汇率波动降低了企业盈利水平，此时企业需要依靠外部融资进行创新来提高生产率，如果企业外源融资成本过高，则会抑制企业技术进步和生产率提高，反之，企业全要素生产率受汇率波动的影响程度较小。Héricourt和Poncet（2013）也认为金融发展可以降低外部融资成本，缓解融资约束，从而降低汇率波动的负面影响，当汇率贬值时，企业收入增加，企业倾向于用这部分额外收益作为沉没成本投资新的出口市场，但是这些投资一旦施行就无法收回，特别是面对突然的汇率升值。当不存在融资约束时，企业可以通过融资来平滑汇率波动的这一非对称效应；如果企业受到信贷约束，融资约束导致汇率贬值的正面效果无法抵消汇率升值的负面效应。

汇率波动对企业来说可以认为是一种流动性冲击，企业技术创新投资会受到汇率风险的影响，流动性不足的企业难以应对汇率波动风险，阻碍了其创新投资。此外，当面对流动性冲击时，企业很难完全依靠自有资金来应对风险，因而需要借助融资来应对。因此，如果企业受到较轻的融资约束，那么可以通过融资来应对汇率波动的流动性冲击，进行技术创新投资，获得生产率的提升；相反，受融资约束较大的企业则不能够通过融资来进行技术创新，制约了生产率提高。

汇率对生产率的影响较为间接。生产率不仅包含技术进步，还包含了技术效率、规模效率、配置效率，因而汇率主要通过改变企业资源配置和技术创新来影响生产率。目前从总量层面和行业层面研究汇率波动对生产率的影响尚未得出定论，Tomlin（2014）认为汇率波动通过竞争机制可以提高生产率。但Zheng（2005）运用门限回归的方法估计了加拿大汇率波动与生产率的关系，结果发现汇率波动对生产率存在显著的负面影响。Aghion等（2009）构建了汇率波动对生产率的理论模型，通过对83个国家1960—2000年的面板数据进行研究，他们发现汇率波动对生产率的影响主要取决于一国的金融发展水平，那些金融发达的国家可以有多种金融措施来缓解汇率波动的影响，从而使汇率波动的影响不显著，但金融落后的国家生产率受汇率波动的影响则十分显著，Benhima（2012）从美元债务的角度得出了与Aghion等类似的结论。

汇率波动将导致企业进出口风险加大，竞争力弱的企业退出出口市场，只有竞争力高的企业才能继续出口，一方面提高了整体生产率，另一方面，资源将向高竞争力企业分配，Foster等（1998）对美国制造业的研究发现资源从低效率企业向高效率企业转移和企业的进入退出机制是整体生产率提高的重要原因。从企业角度研究汇率波动对生产率影响的文献相对较少，Caglayan和Demir（2012）检验了汇率波动对土耳其制造业生产率的影响，他们发现汇率波动会对企业生产率造成负面影响。最后，由于企业异质性特点和所处环境不同，因而其生产率受汇率波动的敏感性存在差异。Berman等（2012）发现法国企业会采取不同的应对汇率变动的措施。向训勇等（2016）基于企业异质性视角，研究人民币汇率传递效应，结果发现，生产率越高的企业进口中间份额越大，汇率传递效率越低。

可以发现，汇率波动对企业生产率的直接研究文献较少。这里从进出口、汇率波动的非对称效应、外商直接投资和汇率风险四个角度综述汇率波动对企业生产率的影响机制。

（1）汇率波动与进出口

企业不能将汇率波动的价格完全传递，企业根据进出口的变动调整要素投入，进而引起生产率的变化。张伯伟和田朔（2014）采用门限回归方法检验了人民币汇率波动的非对称效应：人民币贬值或小幅升值能促进进出口，但升值幅度过大将对进出口产生不利影响。谷宇和高铁梅（2007）分析表明汇率波动的长期和短期效果不同，长期内，汇率波动能扩大进口，降低出口；短期内，汇率波动对进出口的影响均为负。从区域层面来看，东部地区受实际汇率变动的影响最大，西部地区次之，中部地区受汇率变动的影响最小（曹伟和左杨，2014）。从制造业行业层面来看，人民币汇率波动对制造业各分类产品的影响均为负，短期内可以自我修正，但是由于产品属性不同，汇率波动对其影响的绝对水平存在较大差异（李腊生和高书丽，2012），且劳动密集型行业的出口受汇率波动影响较大，资本密集型行业受到影响较小（顾国达等，2007）。田朔等（2015）人民币汇率波动加大将导致企业出口商品种类减少。企业的生产决策直接受到汇率及其波动的影响，从企业层面研究汇率波动的传导机制为解释总量层面的变动提供了依据。汇率波动直接影响企业的进出口，Solakoglu 等（2008）采用企业面板数据分析了汇率波动与企业进出口的关系，发现即使在考虑了企业规模和外贸活动后，汇率波动对企业进出口的影响仍不显著，这可能是由于企业采用进口收入来降低其汇率风险的缘故。Dhasmana（2015）研究了1995—2009 年实际汇率波动对法国多元化出口企业的影响，他发现企业出口行为不仅受双边汇率波动的影响，而且受多边汇率波动的影响，同时企业规模和出口地数目会加剧汇率波动的影响，换言之，企业规模越大，其生产经营的产品就越多，出口的目的地也就越多，因此，出口地增多时，企业会优先出口于那些汇率稳定的国家来应对汇率风险。

（2）汇率波动的非对称效应

汇率波动幅度对经济的影响并不是线性的。汇率波动时，企业根据不同的调价策略，进而引起汇率对出口价格的非对称传递，当汇率波动处在特定的频域才能引起显著的传递效应（刘啟仁，2013；任永磊，2017）。通过门限回归模型，封福育（2010）发现当汇率波幅超过 1.26% 时，汇率与出口贸易的关系不显著，只有当波幅在 1.26% 以内，贬值才能增加出口。汇率波动对企业的影响存在非对称效应。Demian 和 Mauro（2015）研究发现出口企业对汇率升值的反应更加敏感，但汇率贬值对企业的影响十分微弱。汇率升值时企业利润增加，此时企业有更多资金将选择投资，但是汇率升值时，产品需求降低，但是已有的固定投资不能马上收回（Héricourt 和 Nedoncelle，2015），设备利用率降低导致企业生产率下降。

（3）汇率波动与外商直接投资

许多研究表明外商直接投资的技术溢出效应能够促进本国企业生产率提高，而汇率波动则通过对外商直接的作用间接影响企业生产率。

刘敏（2013）对汇率波动与外商投资关系进行了检验，但是发现两者的相关性较弱。通过区分汇率的长期和短期效应，邱立成和刘文军（2006）

却发现外商直接投资虽然受短期汇率波动的影响较小,但长期汇率波动可显著影响外商直接投资的流入。王自锋(2009)认为人民币汇率波动对出口导向型 FDI 影响远大于市场导向型 FDI。投资是提高企业生产率的重要手段,Kandilov 和 Leblebicioglu(2011)构建了汇率波动与企业投资决策的模型,对哥伦比亚制造业的经验分析表明汇率波动对企业投资存在负面影响;企业利润反映了企业市场影响力,充足的利润可以吸收汇率波动的风险从而缓解对投资的负面影响,同时,企业出口依存度和中间品进口依存度也会缓解汇率波动的负面影响。Nucci 和 Pozzolo(2001)认为汇率贬值会通过收入渠道对投资产生正面影响,通过成本渠道对投资产生负面影响,但整体效应因出口地和企业进口中间品的不同而存在差异。在对外贸易中,出口和对外直接投资是两种主要形式,出口价格对汇率波动的敏感性较高,但是对外直接投资却可以弱化汇率波动对产品需求市场的影响。Lin 等(2010)在 Dixit-Pindyck's 模型的基础上构建了分析汇率波动与企业择机 FDI 的关系;他们将 FDI 划分为市场寻求型 FDI 和出口替代型 FDI,汇率波动会加大市场寻求型 FDI 的利润风险,从而推迟这类 FDI,但可以降低出口替代型 FDI 的利润风险,加速这类 FDI。

(4)汇率波动的风险

企业在对外贸易中面临着因汇率变动带来的损失,一般来说,汇率波动幅度加大导致企业进出口的不确定性增加,企业只有对汇率波动风险做出合理的预测,才能将风险降到最低,才有足够的资本进行研发投入,提高生产率。张海波和陈红(2012)采用 VaR 模型测量了人民币汇率波动风险,发现人民币兑美元汇率风险随着持有期的增加、置信度扩大而增大,不同风险承担主体根据自身情况选择置信度。汇率波动提高了边际消费效用,但是降低了资产的价格和收益率,加大了企业资产的风险(吴贾等,2014)。汇率波动会使风险规避型进出口企业面临更高的风险、外贸利润的不确定性增加,因此这些企业会缩减其贸易规模,贸易规模的缩减将导致企业的劳动需求降低,Dhasmana(2015)发现当汇率波动增加时,出口企业劳动需求的变化显著大于非出口企业,且劳动需求对汇率波动的敏感性是非线性的。Demir(2010)对 1983—2005 年土耳其制造业企业就业受汇率波动的影响进行了经验研究,发现汇率波动加剧会显著抑制制造业就业,采用不同的指标、估计方法后发现结果十分稳健。

2.7 本章小结

本章回顾总结了汇率相关理论、汇率与企业进出口、汇率与企业价值以及汇率与企业生产率的相关文献。在汇率相关理论方面，主要包括汇率的决定、汇率变动对经济的影响和企业面临的汇率风险。

在汇率波动对企业进出口影响方面，关于人民币汇率波动对企业进出口贸易的影响的研究，研究者主要集中在进出口企业的面板数据处理和人民币实际有效汇率的估计，而基于企业异质性角度的研究较少。

在汇率波动对企业价值影响方面，大量的学者研究发现，汇率波动加剧对企业价值有显著的负面影响，部分学者研究发现避险工具的使用可以降低企业受汇率波动影响的程度。

在汇率波动对企业生产率的影响方面，汇率波动对企业全要素生产率的影响与信贷发展水平密切相关，金融发展水平在降低汇率对生产率冲击方面具有重要作用。汇率波动对企业来说可以认为是一种流动性冲击，流动性不足的企业难以应对汇率波动风险，不愿在创新方面过多进行投资，阻碍了企业的创新投资，也将导致企业竞争力下降。

第三章 汇率波动对企业影响的理论分析

3.1 汇率波动对企业影响的理论模型构建

3.1.1 基本假设与变量定义

(1) 基本假设

假定企业是风险厌恶者,面对汇率风险会采取谨慎的策略,换言之,企业会根据汇率的波动情况决定是否参与出口,或者调整自身的出口量以规避风险。并且,假定国内外市场都是完全竞争市场,企业是市场价格的接受者,企业的行为不会影响国内外市场产品的价格。记企业的出口量为 Q,企业单位出口商品的价格用外币表示为 P_f,企业单位产品的成本用本国货币 C 表示。企业开展出口业务需在外国市场进行初始投资,投资额以本币表示为 T,假定初始投资在短时间内一次性完成。

汇率采取间接标价法用 R 表示(即一单位本币对应的外币数量),由于汇率受国际市场的影响,具有不确定性,假定汇率分布是服从如式(3-1)所示的几何布朗运动的随机过程,即:

$$\mathrm{d}R = \alpha R \mathrm{d}t + \sigma R \mathrm{d}w \qquad (3-1)$$

其中,α 表示汇率的漂移参数,σ 是汇率的波动参数,$\mathrm{d}w$ 是标准维纳过程增量,用来描述不确定的因素对汇率的影响。

类似地,直接标价法的汇率以 R_d 表示(即一单位外币对应的本币数量),也是服从几何布朗运动的随机过程,如式(3-2)所示:

$$\mathrm{d}R_d = \alpha_d R_d \mathrm{d}t + \sigma_d R_d \mathrm{d}w \qquad (3-2)$$

其中,α_d 是汇率的漂移参数,σ_d 是汇率的波动参数。值得注意的是,表示汇率波动程度的波动参数 σ 和 σ_d 在方向上具有一致性,换句话说,当汇率波动增强时,无论是本币表示的汇率,还是外币表示的汇率,波动参数 σ 和 σ_d 都会变大。

(2) 企业价值

假定汇率市场是完全竞争市场,不存在套利空间,当汇率随机变动时,可以采用期权理论中的复制原理,将出口业务看作一种期权进行复制以定价。此时,企业价值(外币表示)的未来预期的贴现率 u 可以通过式(3-3)所示的 CAPM 模型计算得到。

$$u = r + \varphi \beta_{Rm} \sigma \tag{3-3}$$

在式(3-3)的贴现率中,各系数和变量都以国外市场为参照基准,以外币计价测算而得。其中,r 表示无风险利率,φ 为单位风险溢价,β_{Rm} 表示 R 与市场组合的相关关系。一般而言,β_{Rm} 和 φ 都是非负指标。

类似地,企业价值(本币表示)的未来预期的贴现率用式(3-4)表示为:

$$u_d = r_d + \varphi_d \beta_{dRm} \sigma_d \tag{3-4}$$

在式(3-4)的贴现率中,各系数和变量都以国内市场为参照基准,以本币计价测算而得。其中,r_d 表示无风险利率,φ_d 为单位风险溢价,β_{dRm} 表示 R_d 与市场组合的相关关系。

假定企业价值可以量化为两个部分,分别为国内价值和国外价值。其中,V_F 表示国外业务价值(外币计价),V_D 表示国内业务价值(本币计价)。

则企业价值(外币计价)可用式(3-5)表示为:

$$V = V_F + V_D R \tag{3-5}$$

企业价值(本币计价)可用式(3-6)表示为:

$$V_d = V_F R_d + V_D \tag{3-6}$$

3.1.2 出口利润与企业价值

对于当前无出口业务但正在考虑未来是否开展出口业务的企业,不仅需要考虑出口产品的收入和成本,还需要考虑初始投资的成本及其时间价值。根据 3.1.1 的假设,可以得到式(3-7)所示的国外业务(当未来开展出口时)的利润(外币计价表示):

$$\pi = Q(P_f - CR) - TR_0 r \tag{3-7}$$

其中,R_0 表示企业开展出口业务前、进行初始投资时面临的初始汇率;r 为无风险利率,以国外市场为基准,用以体现初始投资货币的时间价值。具体来说,式(3-7)的含义是,国外业务的利润(以外币计价)π 为商品

汇率波动与企业行为

的出口量 Q 与单位利润 ($P_f - CR$) 的乘积减去初始投资的成本及其时间溢价 $TR_0 r$。对式（3-7）国外业务利润的永续现金流进行贴现，可以得到如式（3-8）所示的企业国外业务的价值期望（外币计价表示）：

$$V_F = E \int_0^\infty Q(P_f - CR) e^{-ut} dt - \int_0^\infty TR_0 r e^{-rt} dt = \frac{QP_f}{u} - \frac{QCR_0}{u - \alpha} - TR_0$$

(3-8)

其中，求积分时，利用了式（3-1），将含有未来汇率 R 的项 QCR，推导为含有初始汇率 R_0 的项 QCR_0，最终得到该项的贴现率为 $u - \alpha$。根据式（3-5）和式（3-8），则得到式（3-9）描述该企业的价值（外币计价表示）。

$$V = \frac{QP_f}{u} - \frac{QCR_0}{u - \alpha} - TR_0 + V_D R$$

(3-9)

需要指出的是，之所以在这里以外币表示企业价值，是因为便于分析。在之后的期权定价分析中，可方便地构造投资组合以对冲汇率波动风险，建立汇率波动与出口决策期权价值的关系。如果要讨论汇率波动对本国企业价值的影响，应当考虑以本币计价的企业价值，因为追求本币计价的企业价值最大化是本国企业家的经营目标。

类似地，以本币计价的国外业务的利润如式（3-10）所示：

$$\pi_d = Q(P_f R_d - C) - Tr$$

(3-10)

对国外业务利润的永续现金流进行贴现，可以得到如式（3-11）所示的以本币计价的国外业务的价值期望为：

$$V_F R_d = E \int_0^\infty Q(P_f R_d - C) e^{-u_d t} dt - \int_0^\infty Tr e^{-rt} dt = \frac{QP_f R_{d0}}{u_d - \alpha_d} - \frac{QC}{u_d} - T$$

(3-11)

其中，R_{d0} 是本币计价的初始汇率。根据式（3-6）和式（3-11），则可以得到式（3-12）所示的以本币计价的企业价值：

$$V_d = \frac{QP_f R_{d0}}{u_d - \alpha_d} - \frac{QC}{u_d} - T + V_D$$

(3-12)

根据式（3-4），由于贴现率 u_d 中包含汇率波动程度 σ_d，式（3-12）就构造了汇率波动与企业价值（本币计价表示）之间的关系。用式（3-12）对汇率波动程度 σ_d 求偏导得到式（3-13）：

$$\frac{\partial V_d}{\partial \sigma_d} = \frac{\partial V_d}{\partial u_d} \cdot \frac{\partial u_d}{\partial \sigma_d} = -\left[\frac{QP_f R_{d0}}{(u_d - \alpha_d)^2} - \frac{QC}{u_d^2}\right] \cdot \varphi_d \beta_{dRm}$$

(3-13)

在完全竞争市场条件下，企业生产是为了追求利润，即 $QP_fR_{d0} - QC$ 应当大于0，在式（3-13）中，贴现率 $u_d - \alpha_d$ 小于 u_d。于是有式（3-14）所示的关系。

$$\frac{\partial V_d}{\partial \sigma_d} < 0 \qquad (3-14)$$

我们从式（3-14）中不难看出：汇率波动对本币计价的企业（当未来开展出口业务时）价值有负向的影响，也即是说，汇率波动越大，则企业价值越小，反之，汇率波动越小，企业价值越大。

对于当前有出口业务的企业，在决定未来是否继续出口业务时，考虑国外业务利润时，应该将初始投资作为沉没成本，即不纳入决策考虑当中。即，对于这类业务，在式（3-7）至式（3-12）中应去掉含初始投资 T 的项，而最后式（3-12）求偏导时，由于 T 为常数项，求偏导后为零，仍然能得到式（3-13）。也就是说，对于当前有出口业务而要决定未来是否继续出口业务的企业，当未来继续开展出口业务时，也具有相同的结论：汇率波动对本币计价的企业价值有负向的影响。

3.1.3 出口的期权价值

基于薛昶（2015）构建实物期权模型的思想，将企业是否出口看作一种期权（选择权），即企业根据汇率波动情况决定是否执行出口期权，并调整对应的生产量和出口量。为了判断企业是否开展国外业务，可以用国外业务的利润 π 进行衡量，当企业开展出口业务能够获利时，企业会选择执行出口期权。此时，采用套期保值原理，在时刻 t 构造投资组合：企业持有一份出口期权，并且由于企业是风险厌恶的，所以企业会通过卖空 N 份汇率来锁定汇率风险。在 $(t, t+dt)$ 这段时间，企业持有该投资组合。随着时间变化，投资组合的价值也会发生变化，则变化值为 $d\pi - NdR$，其中 $d\pi$ 是几何布朗运动 R 和时间 t 的函数，满足伊藤条件，所以，企业的国外业务利润有式（3-15）所示的关系：

$$d\pi = \left(\frac{\partial \pi}{\partial R}\alpha R + \frac{\partial \pi}{\partial t} + \frac{1}{2}\frac{\partial^2 \pi}{\partial R^2}\sigma^2 R^2\right)dt + \frac{\partial \pi}{\partial R}\sigma R dw \qquad (3-15)$$

由于 $\frac{\partial \pi}{\partial t} = \frac{\partial \pi}{\partial R}\frac{\partial R}{\partial t} = \pi'(R)\left[\alpha R + \sigma R\left(\frac{dw}{dt}\right)\right]$，考虑到 $(dt)^2$ 和 $(dtdw)$ 是 dt 的高阶无穷小，这里取其近似值0，并且根据维纳过程性质已知 $(dw)^2 = dt$，

代入式（3-15），并且联立 $dR = \alpha R dt + \sigma R dw$，得到式（3-16）：

$$d\pi = \pi'(R)\ dR + \frac{1}{2}\pi''(R)\ (dR)^2 + \pi'(t)\ dt \qquad (3-16)$$

于是，有式（3-17）所示的关系式：

$$\begin{aligned} d\pi - NdR &= \pi'(R)(\alpha R dt + \sigma R dw) + \frac{1}{2}\pi''(\alpha R dt + \sigma R dw)^2 \\ &\quad + \pi''(R)(\alpha R dt + \sigma R dw) - N(\alpha R dt + \sigma R dw) \\ &= \left\{ \alpha R[2\pi'(R) - N] + \frac{1}{2}\sigma^2 R^2 \pi''(R) \right\} dt + R[2\pi'(R) \\ &\quad - N]\sigma dw \end{aligned} \qquad (3-17)$$

参照 B-S 模型的推导过程，为了锁定汇率风险，应使得式（3-17）中 dw 的系数为 0，即

$$2\pi'(R) - N = 0 \qquad (3-18)$$

所以，企业会选择卖空 $2\pi'(R)$ 份外汇。参考 Dixit 和 Pindyck 提出的实物期权理论，在构造组合过程中 $(t, t+dt)$ 时间内，期权持有者卖空一单位外汇，需要向买方支付红利，这里红利用 $\delta R dt$ 表示，而在完美市场中，$\delta = u - \alpha$，所以，此时企业持有该投资组合的总回报为式（3-19）所示的关系式：

$$\begin{aligned} (d\pi - NdR) - N\delta R dt &= \frac{1}{2}\sigma^2 R^2 \pi''(R)\ dt - N\delta R dt \\ &= \left[\frac{1}{2}\sigma^2 R^2 \pi''(R) - N\delta R \right] dt \\ &= \left[\frac{1}{2}\sigma^2 R^2 \pi''(R) - \pi'(R)\delta R \right] dt \qquad (3-19) \end{aligned}$$

再根据期权定价理论中的无风险套利定价原理，式（3-19）应该等于无风险报酬，也就是说。有式（3-20）所示的关系：

$$\left[\frac{1}{2}\sigma^2 R^2 \pi''(R) - \pi'(R)\delta R \right] dt = r[\pi(H) - NH] dt \qquad (3-20)$$

整理式（3-20），得到式（3-21）：

$$\frac{1}{2}\sigma^2 R^2 \pi''(R) + (r-\delta)R\pi'(R) - r\pi(R) = 0 \qquad (3-21)$$

式（3-21）是关于 $\pi(R)$ 二阶微分方程，采用数学过程求解此微分方程得到式（3-22）：

$$\pi(R) = nR^{k_1} + mR^{k_2} \qquad (3-22)$$

其中，n 和 m 为待定系数。k_1 和 k_2 分别为式 (3-23) 和式 (3-24)。

$$k_1 = \frac{1}{2} - \left(\frac{r-\delta}{\sigma^2}\right) + \sqrt{\left(\frac{r-\delta}{\sigma^2} - \frac{1}{2}\right)^2 + \frac{2r}{\sigma^2}} > 1 \qquad (3-23)$$

$$k_2 = \frac{1}{2} - \left(\frac{r-\delta}{\sigma^2}\right) - \sqrt{\left(\frac{r-\delta}{\sigma^2} - \frac{1}{2}\right)^2 + \frac{2r}{\sigma^2}} < 0 \qquad (3-24)$$

根据 Dixit 和 Pindyck 的推导，当 R 趋于无穷时，可知 $\pi < 0$，此时企业不会执行期权，期权价值为 0，即 $\pi(\infty) = 0$，根据极限理论，当 $k_1 > 0$ 时，如果 $R \to \infty$，则 $R^{k_1} \to \infty$，所以 $n = 0$。因此，有式 (3-25)：

$$\pi(R) = mR^{k_2} \qquad (3-25)$$

至此，根据期权定价理论，推导出国外业务利润 π 以汇率 R 表示的函数关系式 (3-25)。式 (3-25) 是进一步分析汇率如何影响企业的出口决策的重要理论依据。

3.1.4　汇率波动决定的出口决策临界值

为了讨论汇率波动对企业出口决策的影响，有必要获取企业执行期权的汇率临界值。企业是否执行出口期权，调整相应的出口量、生产量，需要考察实际汇率值 R 与临界汇率值的大小。这里，假设存在临界汇率值 R^*，当 $R < R^*$ 时企业执行出口期权，反之，则放弃实行期权。参照薛昶 (2015) 使用的价值匹配条件和光滑粘贴条件，存在式 (3-26) 和式 (3-27) 所示的等式：

$$k_2 (R^*)^{k_2} = Q (P_f - CR) - TR_0 \qquad (3-26)$$

$$k_2 m (R^*)^{k_2 - 1} = -QC \qquad (3-27)$$

联立式 (3-26) 和式 (3-27) 得到式 (3-28)：

$$R^* = \frac{k_2}{k_2 - 1} \left(\frac{P_f}{C} - \frac{TR_0}{QC}\right) \qquad (3-28)$$

求 R^* 对汇率波动率 σ 的偏导数，得到式 (3-29)：

$$\frac{\partial R^*}{\partial \sigma} = \frac{\partial R^*}{\partial k_2} \frac{\partial k_2}{\partial \sigma} \qquad (3-29)$$

其中，$\dfrac{\partial R^*}{\partial k_2} = -\dfrac{1}{(k_2-1)^2}\left(\dfrac{QP_f - TR_0}{QC}\right) < 0$

并且，有式 (3-30) 如下：

$$\frac{\partial k_2}{\partial \sigma} = \frac{2(r-\delta)}{\sigma^3} + \frac{2\left[(r-\delta)/\sigma^2 - \frac{1}{2}\right]\left[(r-\delta)/\sigma^3 + 2r/\sigma^3\right]}{\sqrt{\left[(r-\delta)/\sigma^2 - \frac{1}{2}\right]^2 + 2r/\sigma^2}}$$

$$= \frac{2(r-\sigma)\left[\sqrt{\left(\frac{r-\delta}{\sigma^3} - \frac{1}{2}\right)^2 + \frac{2r}{\sigma^2}} + \left(\frac{r-\delta}{\sigma^2} - \frac{1}{2}\right) + \frac{r}{r-\delta}\right]}{\sigma^3 \sqrt{\left[(r-\delta)/\sigma^2 - \frac{1}{2}\right]^2 + 2r/\sigma^2}} > 0$$

(3-30)

所以，根据式（3-30）最终得到式（3-31）：

$$\frac{\partial R^*}{\partial \sigma} = \frac{\partial R^*}{\partial k_2} \frac{\partial k_2}{\partial \sigma} < 0 \quad (3-31)$$

对于汇率临界值 R^*，当 $R < R^*$ 时企业执行出口期权，反之则放弃执行期权，式（3-31）表明，R^* 是汇率波动率 σ 的减函数，可以把 R^* 看作是企业从事出口贸易的门槛值，它依赖于汇率的波动率 σ，也就是说，汇率波动率越大，临界值越小，则企业愿意从事出口的概率越小。并且，企业出口数量与汇率波动呈反向关系，汇率波动性越大，企业出口数量越少。

3.2 汇率波动对企业微观影响的传导机制分析

3.2.1 汇率波动对企业出口影响的传导机制

在完全竞争市场，企业的目标是实现利润最大化，假定企业是风险厌恶者，那么企业的最优选择是在利润最大化的条件下尽可能规避风险。所以，在汇率波动时，企业会采取谨慎的策略，也就是企业会根据汇率的波动情况调整自身的出口量。

对于企业的出口参与决策而言，当人民币汇率波动的幅度增大时，对于此时还没有参与出口的企业来说，会减少企业参与出口的意愿，因为参与出口要一次性支出大量的初始投入，而汇率波动的幅度增大使得企业未来利润充满不确定性，对于风险厌恶的企业来说，会减少其出口意愿；而对于已经开展了出口业务的企业而言，汇率波动幅度增加，大大增加了企业的经营风险，如果继续选择出口会使得企业面临较大的汇率风险暴露，所以会增加企业退出海外市场的意愿。

对于企业的出口规模决策而言，当人民币汇率波动的幅度增大时，已经开展了出口业务的企业由于是风险厌恶者，所以会采取谨慎的策略应对汇率波动风险，很有可能会将企业盈利的重心放到国内市场上，选择性地减少出口商品的数量，以应对波动幅度较大的汇率，等汇率波动幅度减小时再选择增加出口。所以，汇率波动幅度的增加会减少出口企业的出口商品数量。

张会清和唐海燕（2012）研究表明，汇率波动对不同性质的企业影响也存在差异，就国有企业、私营企业和外资企业而言，由于外资企业具有汇率风险管控、商品定价谈判、结算货币选择等多方面的优势，能够有效地缓解人民币汇率波动带来的负面影响。而私营企业的经营灵活，能够根据汇率波动灵活调整自身策略。相比之下，国有企业在经营机制上的缺陷导致其对市场的反应力不及外资企业和私营企业，难以对市场的汇率波动做出及时调整，采取有效的应对措施，所以，国有企业出口贸易受汇率波动的负面影响会更大。

对于不同生产率水平的企业而言，汇率波动产生的影响也有差异。陈婷（2014）基于异质性企业角度，研究了汇率波动对不同生产率企业的冲击，研究结果表明汇率波动对高生产率企业的冲击较小。在出口规模决策方面，由于高生产率企业具有相对优势，产业附加值高，具有更强的盈利空间和更高的单位利润；而低生产率企业往往产业附加值低，一旦汇率波动幅度增加，相对低的利润空间难以承受未来的不确定性，企业继续出口有可能由于汇率波动造成亏损，所以，低生产率企业往往会采取缩小出口规模的决策；因此，在国外市场需求量一定的情况下，此时继续开展出口业务的高生产率企业的出口量会有一定的提升。所以，汇率波动幅度增加会提高正在出口的高生产率企业的出口量，减少正在出口的低生产率企业的出口量。在出口参与决策和市场退出决策中，与低生产率企业相比，高生产率企业具有更灵活的选择方式，可以选择在汇率波动幅度增加时将重心放到国内市场，利润空间依然充足；而反观低生产率企业，由于利润空间比较受限，所以不会轻易选择立刻退出海外市场。所以，就企业参与和退出海外市场决策而言，高生产率企业在应对汇率波动时比低生产率企业更及时且灵活。

在企业的规模方面，通常，企业的规模越大，表明企业越能够承受出口贸易风险和海外市场的进入成本,所以规模较大的企业参与海外市场的意愿会大于规模较小的企业,而且在汇率波动幅度较大时,退出海外市场的概率也会小于规模较小的企业;企业的运营年限对于企业的出口选择也起到一定的作用,因为企业的运营年限越久,说明企业的市场经验越丰富,越具有竞争力,越能够抵抗汇率波动带来的影响,所以汇率波动对运营年限较长的企业出口的负面作用会更小;企业的盈利能力作为衡量企业竞争力的一个重要方面,也是衡量企业抵抗汇率波动的一个重要指标,盈利能力越强的企业通常越能承受汇率波动的压力。

3.2.2 汇率波动对企业价值的影响机制

通过理论建模,得出了如下结论:汇率波动对本币计价的企业价值有负向的影响,即汇率波动越大,则企业价值越小,反之,汇率波动越小,企业价值越大。因为企业价值取决于企业自身的盈利能力,一般以未来收益现金流进行贴现来衡量,那么,能够改变未来现金流和贴现率的因素就是能够影响企业价值的因素。汇率波动会导致国内外市场上价格的变动,也会影响人们对于未来价格的预期和风险的评估,从而影响企业的未来现金流和贴现率。所以理论上,汇率波动对企业价值的确存在极为重要的影响。

从式(3-12)的推导过程中可以看到,企业的价值由其国内外业务的利润的贴现计算而得,而汇率波动对企业价值的影响主要是由国外业务的利润进行传导。实际上,这是一种方便推导而进行的简化设定。在现实经济活动中,汇率波动不仅通过出口产品的利润这一直接途径影响企业价值,还会通过其他间接途径对企业价值造成影响。对于大多数企业,特别是实体经济企业如工业,汇率波动对企业价值造成影响的主要途径是通过影响出口产品的利润或者说主营业务的利润。接下来将具体分析汇率波动对企业价值的影响路径和机制。

从整体来说,企业拥有的内外部资源决定了企业的盈利能力。而从宏微观层面划分企业的内外部资源,微观层面上是企业拥有的有形资源、无形资源、经营管理能力和融资偿债能力等。中观层面上是企业所处行业的特性如行业生命周期、劳动和技术以及资本密集型行业特征、行业政策等。宏观层面上则是企业面对的经济环境因素、政治环境因素、社会环境因素和技术环境因素等。

微观层面上与汇率波动有关的因素有：有形资源包括物质资源和财务资源，若企业在国外购地设厂、铺展海外销售渠道、在海外上市融资等，这部分资源需要以外币购置或计价，自然受到汇率波动的影响；无形资产大多与汇率的联系不大，但由于海外生产经营销售等因素，其中的人力资本仍与汇率波动相关；融资偿债能力与企业信用和经营绩效有关，汇率波动会影响投资者的预期和风险判断，也会影响企业的经营活动，从而影响企业的融资偿债能力。

中观层面的因素与企业所处行业有关，一般来说正常的汇率波动不会改变行业的特性，但不同行业中的企业受到汇率波动的影响可能有所不同。宏观层面的经济环境因素中直接包括汇率本身，而通货膨胀率、利率等经济指标也或多或少受到汇率波动的影响；技术环境因素和社会环境因素也与汇率波动有一定的关联，例如技术研发涉及海外技术的引进、消费者偏好受到汇率市场震荡的影响等。总之，除了最直接的出口经营活动会受到汇率波动的影响以外，企业在其他方面也会受到汇率波动的间接影响。

汇率水平变化的不确定性给企业带来的风险可以分为三种：交易风险、经济风险和会计风险（详见2.1.3）。这三种汇率水平变化带来的风险中，第一种交易风险，若汇率波动程度加剧，那么在一定时间差上的买卖活动所面临的汇率差额可能会更大，因此，企业所遭受的风险也更大；第二种经济风险其实就属于汇率波动造成的风险；第三种会计风险也类似地受到汇率波动的影响，虽然只是名义上的损益，但反映在财务报表上可能会影响投资者的预期和判断，继而在投融资方面对企业价值带来影响。

内外部资源决定了企业的盈利能力，而汇率波动通过影响企业的内外部资源，进而影响企业的盈利能力，最终反映在企业价值上。因此，根据前文对企业内外部资源和汇率变动风险的分析，总结出汇率波动对企业价值影响的四个主要传导途径。

第一，通过影响商品市场的价格进行传导。汇率反映的是两个国家或地区之间市场价格的比率，汇率波动程度的变化将直接反映在商品价格上，这一不确定性影响企业利润和价值。

第二，通过影响企业的生产经营状况进行传导。除去商品价格，生产成本也会受到汇率波动的影响，不仅是原材料和人力资本，还包括海外设厂和铺设销售渠道，甚至海外市场环境，都受到汇率变化的不确定性的影响,进而企业利润和价值也会受到影响。

第三,通过影响企业的管理决策进行传导。汇率波动的程度会改变市场竞争环境,影响企业管理层对出口贸易等企业业务的决策,而且会通过影响投资者预期和风险判断以及资产负债表账面损益影响企业信用,这些对企业的管理决策造成的影响最终会影响企业的价值。

第四,通过影响企业的风险暴露程度进行传导。在浮动汇率制度之下,企业随时暴露在汇率风险、信用风险、流动性风险当中,汇率波动的不确定性会影响企业在这些风险之中的暴露程度,从而间接地影响企业的价值。

3.2.3 汇率波动对企业生产率影响的传导机制

3.2.3.1 汇率波动增加技术创新投资风险

与企业价值和进出口相比,全要素生产率(TFP)是衡量经济增长的重要指标,它的含义十分广泛,主要包括知识、教育、规模经济、组织管理水平、更有效率的资本设备、更高的劳动技能等。但全要素生产率又是难以具体化的指标,因此被称为"天降馅饼"。即使如此,全要素生产率已经成为衡量一个国家经济发展水平的重要标准之一。然而,全要素生产率是指排除有形生产资料之后的剩余,对其进行准确估计已经十分困难,而要探讨汇率波动对其影响的作用机制则更加困难。汇率波动是企业生产率经常需要面对的一种外部环境冲击。汇率波动不会直接影响到企业生产率的变动,但作为外部环境冲击,汇率波动将会对企业的生产投资决策产生影响,进而引起企业全要素生产率变动。

技术进步是企业生产率提高的最为重要的途径,狭义的生产率就是指技术进步。在国际贸易中,企业不仅面临国内企业的竞争,而且还要与国际企业竞争,因而需要技术创新驱动来维持出口竞争力。为了实现技术创新,企业需要一定的研发与试验投资。Czarnitzki 和 Hottenrott(2008)认为研发与试验投资具有较高的投入、较高的沉没成本、较低的担保价值、应用时还会产生调整成本这些特点。另外,研发与试验投资获得的知识创造过程具有正的外部性,投资回报存在不确定性,因而企业在做投资决策时,必须充分考虑研发与试验投资的成本和带来的收益,只有投资回报大于成本时,才选择技术创新。也就是说,只有当企业采用新技术后通过边际成本下降所带来的收益大于投资时，企业才会选择进行技术创新。企业的技术创新投资可以认为是沉没成本，是固定支出。然而，企业采用新技术后所带来的效应是不确定的，无论是垄断企业，还是垄断竞争企业或完全竞争企业，其产品需求都可能受到市场环境的影响。采用新技术后，企业每单位产品的成本会降低，因而产品销售量增加，企业从生产率提高中的获益也增加，但如果产品销售量低于临界值，则企业技术创新投资将产生亏损。

汇率波动已经成为企业生产经营中面临的重要市场风险，汇率制度改革后人民币开始了徘徊升值的过程，这一期间内，人民币升值对企业造成了持续冲击，虽然人民币也存在贬值的风险，但是相对较小。汇率风险指对外贸易的经济活动中，因汇率波动造成损失的可能性，主要包括交易风险、折算风险和经营风险。金雪军和陈雪（2011）认为人民币兑美元汇率风险溢价波动在 2007 年 9 月—2008 年 8 月和 2010 年 7—10 月期间处于高波动状态。特朗普当选美国总统后，人民币兑美元汇率出现大幅贬值。未来人民币双向波动幅度会继续加大，双向波动成为"新常态"，企业在进行投资决策时不仅要考虑升值风险，还要考虑贬值风险，企业外汇避险策略面临着新的考验。当存在汇率波动冲击时，企业出口收益将面临不确定性风险，技术创新获得的收益必须在补偿汇率风险后大于投资，企业才会选择技术创新。因而，企业在投资决策时必须考虑汇率风险。

3.2.3.2 汇率波动通过降低产品需求而阻碍技术创新投资

我国工业企业数量较多，2013 年工业企业数量达 30 多万家，因而工业行业的垄断性较低，可以认为工业是完全竞争的行业。这表明工业企业是价格的接受者，企业根据既定的需求来决定产品的产量。而当汇率变动时，对于出口企业来说，以外币表示的产品价格也随之变动。例如，当人民币升值时，以外币表示的价格将上升，如果需求弹性很大，那么将导致需求大幅下降，导致企业盈利水平降低；当人民币贬值时，以外币表示的价格将下降，此时，国外对产品的需求升高，导致企业销售量增加，获利增加。当然，随着金融市场的发展及各种金融衍生品的推出，如果企业预期汇率变动是长期行为，则可以通过期权等金融工具进行套期保值，从而对冲利润风险。汇率升值（贬值）可以引起企业产品价格的变动，此外，如果汇率波动频繁，同样会导致企业改变产品的产量。首先，汇率波动时，其贬值和升值导致的正向效应和负向效应无法完全冲抵。其次,汇率波动可以认为是一种市场风险,风险上升将影响企业生产与投资决策。最后,即使企业可以通过金融市场上的套期保值来弱化汇率风险,但是频繁的汇率波动将浪费企业大量精力与成本。

出口企业产品产量受到汇率及其波动的影响,非出口企业主要面临国内需求市场,但是随着全球贸易一体化进程,非出口企业与出口企业间的关系越来越紧密,非出口企业也会受到汇率的影响。当汇率波动时,非出口企业也难以独善其身。一般来说,工业企业生产过程的原材料、中间投入品和能源等均从全世界范围采购,企业的生产成本受国外市场的影响十分显著,如国际原油价格上涨将导致能源价格上升,进而企业生产成本增加。又如铁矿石进口价格上涨将直接导致钢材价格上升,而钢材是很多企业的原材料或中间投入品,进而影响到企业产品的生产和销售。从消费的角度来看,当人民币升值时,以人民币表示的外国产品价格降低,需求上升,这将会对国内类似产品的非出口企业造成冲击,致使其产品需求降低;相反,当人民币贬值时,人们将消费国内产品替代国外产品。因而,即使是非出口企业,也将受到汇率及其波动的影响。

企业可以选择技术创新投资来获得更低的边际成本,为此需要支付一定的固定支出。当不存在汇率波动时,企业是否进行技术投资决策取决于产品产量,当产量大于一定值时,边际成本下降带来的收益要高于技术创新的固定投资。当产量低于临界值时,边际成本下降带来的收益小于技术创新的固定支出,企业将不会选择通过技术创新来提高生产率。当汇率波动增加时,企业风险贴水上升,产量下降。如果产量下降到低于临界值时,企业获利减少,进行技术创新投资的固定成本无法收回,因而企业将选择采用旧的技术进行生产,所以汇率波动增大将阻碍企业技术创新投资。

3.3 本章小结

本章首先基于实物期权模型,构建了一个分析汇率波动对企业价值、企业出口决策的框架,模型发现汇率波动与企业价值和企业出口概率呈现负向关系。然后,进一步分析了汇率波动对企业出口、企业价值和企业生产率影响的传导机制:当人民币汇率波动增加时,企业面临的未来利润充满了不确定性，对于风险厌恶的企业而言会降低出口参与意愿，减少出口规模。

汇率波动对企业价值影响主要表现为以下四个方面：通过影响商品市场的价格进行传导；通过影响企业的生产经营状况进行传导；通过影响企业的管理决策进行传导；通过影响企业的风险暴露程度进行传导。汇率波动对企业生产率的影响主要通过以下两条路径进行传导：汇率波动加剧会增加企业技术创新投资的风险；汇率波动通过降低产品需求而阻碍技术创新投资。

第四章 汇率波动与企业微观特征

为了深入分析汇率变化对企业出口价格、企业出口行为、企业价值和企业生产率的影响,本章将分析汇率变化的特征和影响企业价值的生产经营特征,包括企业总资产、企业营业利润、企业出口交货值和企业生产率等,感知汇率波动对企业微观效应影响。

4.1 人民币汇率变动情况

自1994年人民币汇率改革以来,我国的人民币汇率形成机制,或者说,人民币汇率制度的发展演变大致经历了以下几个阶段:1994年1月1日至2005年7月20日,这期间我国施行的是以市场供求为基础、单一的、有管理的浮动汇率制度;2005年7月21日至2008年6月,这期间我国施行的是以市场供求为基础、参考"一篮子"货币进行调节,有管理的浮动汇率制度,其中,2007年5月21日,人民币兑美元汇率的日波动幅度限制由以前的0.3%扩大至0.5%;2008年7月至2010年6月,为了应对由美国次贷危机所引起的国际金融危机对我国经济的影响,我国收窄了人民币汇率波动的幅度限制;2010年6月19日,中国人民银行宣布,推进人民币汇率制度改革,进一步增强人民币汇率弹性,因此人民币汇率波动幅度的限制在此后逐步扩大。2012年4月16日起扩大至1%,自2014年3月17日起又进一步扩大至2%。2015年8月11日,中国人民银行宣布调整人民币兑美元汇率中间报价机制,做市商基于上日银行间外汇市场收盘汇率,向中国外汇交易中心提供报价,这一机制进一步加大了汇率的波动幅度。

图4-1为来自国际清算银行(BIS)(以2010年为基期)的1994年1月至2017年5月的人民币有效汇率变化趋势。从图4-1的汇率走势图可以看到,无论是名义有效汇率,还是实际有效汇率,变动的趋势基本保持一致,人民币汇率总体上呈现不断升值的趋势。2005年以前的汇率基本上还

是以管为主,在2002年之前汇率总体升值,而2002—2005年人民币汇率呈现下降趋势,但国际上认为低估了人民币汇率,因此,国际上要求人民币升值。2005年汇改以后,人民币汇率在短期回升后维持在较为稳定的水平,但2008年国际金融危机导致汇率市场随之动荡,虽然及时收窄了每日波动幅度限制,但中期来看汇率变化较为明显。在经历一段时期的贬值之后,随着汇率波动幅度限制的逐步放宽,人民币汇率在波动中不断升值。

图4-1　1994年1月至2017年5月人民币有效汇率变化

图4-2为1994年1月至2017年5月的人民币实际有效汇率的波动率走势,可以看出,人民币汇率改革后,人民币实际有效汇率均处于上下波动中,1997—1998年和2007—2008年这两个阶段汇率波动明显更为剧烈,这表明1997年的亚洲金融危机和2008年的全球金融危机会对人民币汇率造成较大的冲击。

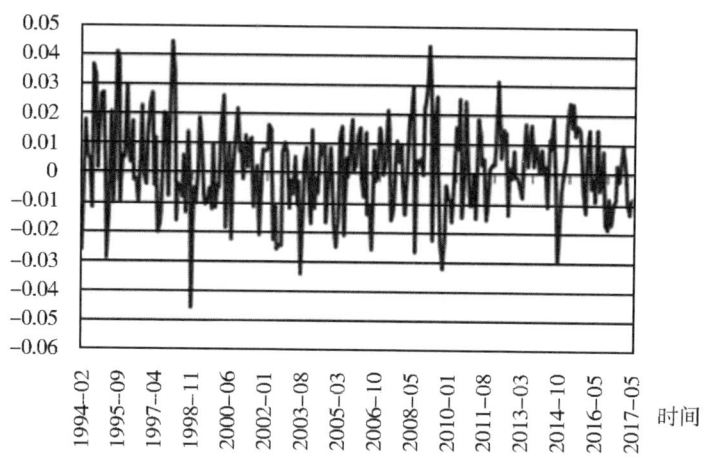

图 4-2 1994 年 1 月至 2017 年 5 月人民币实际有效汇率波动率

4.2 企业生产经营特征

4.2.1 企业基本特征与财务状况

根据中国国家统计局的统计数据，2011—2014 年的规模以上工业企业单位数、资产总计、营业利润、出口交货值、出口总额和出口目的地的情况分别由图 4-3、图 4-4、图 4-5 和图 4-6 刻画。由于 2011 年起规模以上工业企业的统计标准从年主营业务收入 500 万元提高到 2000 万元，所以，本节只对 2011 年以后的数据进行对比分析。

由图 4-3 所示的规模以上工业企业单位数看出，我国规模以上工业企业单位数逐年增加。根据统计，2011 年工业企业单位数是 32.56 万个，并且逐步增加，到 2014 年为 37.79 万个。在规模以上工业企业单位数中，私营企业占大部分。在 2011 年规模以上工业企业中，私营企业有 18.06 万个，并且也呈现逐年增加的趋势，直到 2014 年，在规模以上工业企业中，私营企业多达 21.38 万个，占规模以上工业企业单位数的 56.58%。规模以上工业企业中的国有控股企业和外商企业的占比相对较少。2011 年规模以上工业企业中，国有企业有 1.71 万个，外商企业有 5.72 万个。2014 年规模以上工业企业中，国有控股企业有 1.88 万个，外商企业有 5.52 万个。2011—2014年，国有控股企业和外商企业的数量保持相对稳定，变化幅度不大。

第四章 汇率波动与企业微观特征

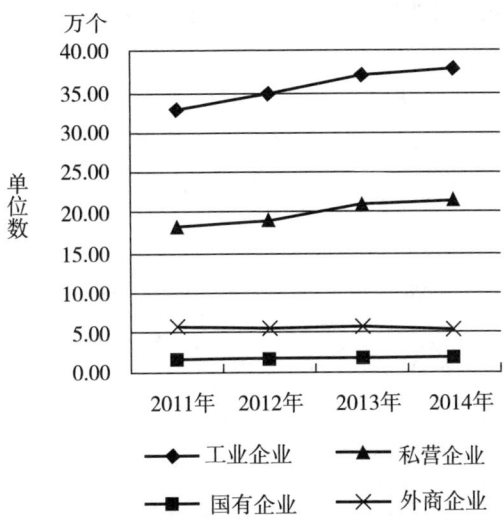

图 4-3 2011—2014 年规模以上工业企业单位数

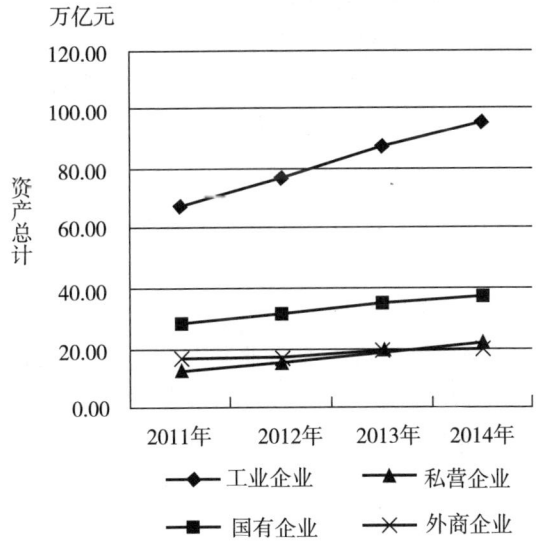

图 4-4 2011—2014 年规模以上工业企业资产总计

由图 4-4 可以看出，我国 2011—2014 年规模以上工业企业资产总计，呈现逐年增加的趋势。我国规模以上工业企业资产总计在 2011 年为 67.58 万亿元，在 2014 年为 95.68 万亿元。在 2011—2014 年规模以上工业企业资产总计中，国有企业资产总计所占比重最大，并且规模以上工业企业中的

·49·

国有企业、私营企业和外商企业的资产总计都呈现逐年增加的趋势。2011年规模以上工业企业中，国有企业、私营企业和外资企业的资产总计分别为 28.17 万亿元、12.77 万亿元和 16.20 万亿元。到 2014 年，规模以上工业企业中国有企业、私营企业和外资企业的资产总计分别为 37.13 万亿元、21.31 万亿元和 19.82 万亿元。

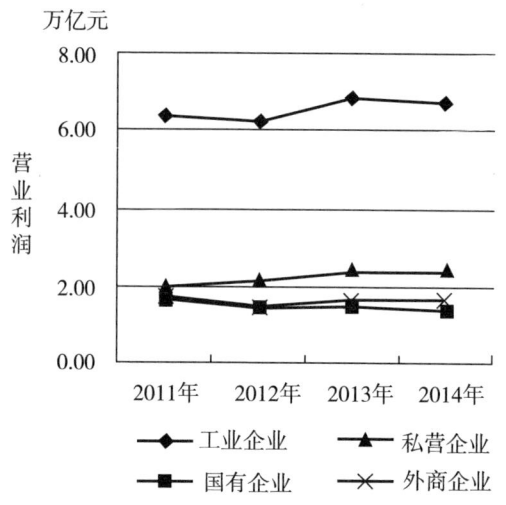

图 4-5　2011—2014 年规模以上工业企业营业利润

从图 4-5 中可以看出，2011—2014 年企业营业利润总体相对平稳。根据统计，我国工业企业营业利润分别为 6.37 万亿元、6.21 万亿元、6.84 万亿元和 6.73 万亿元，总体相对平稳。其中，私营企业营业利润比国有企业和外商企业大，在 2011 年私营企业营业利润为 1.94 万亿元，2014 年私营企业营业利润为 2.39 万亿元。在 2011—2014 年规模以上工业企业营业利润中，国有企业和外商企业营业利润相差不大，2011 年国有企业和外商企业营业利润分别为 1.63 万亿元和 1.61 万亿元。到 2014 年，国有企业和外商企业营业利润分别为 1.35 万亿元和 1.63 万亿元。

从图 4-6 中可以看出，我国规模以上工业企业出口交货值逐年增加。根据统计，2011 年，我国工业企业出口交货值为 9.96 万亿元，且此后逐年增加，2014 年达到 11.84 万亿元。在 2011—2014 年规模以上工业企业出口交货值中，外商企业出口交货值所占比重最大，私营企业次之，占比最小的是国有企业。在 2011 年规模以上工业企业中，国有企业、私营企业和外商企业的出口交货值分别为 0.87 万亿元、1.36 万亿元和 6.84 万亿元。到 2014 年，国有企业、私营企业和外商企业的出口交货值分别为 0.93 万亿元、1.90 万亿元和 7.70 万亿元。

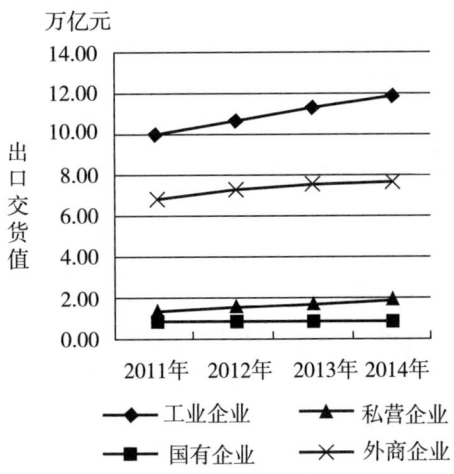

图 4-6　2011—2014 年规模以上工业企业出口交货值

综合对比图 4-3 至图 4-6 可以看出，2011—2014 年工业企业的数量、总资产和出口交货值都呈现上升趋势，但营业利润却未呈现相同的持续上升趋势，可见行业壮大和出口增长并不能保证利润随之增加，还有其他因素从中干扰甚至直接对利润带来负向影响。从企业数量上，国有企业和外资企业最少，大约是私营企业的四分之一，可以说工业企业中大约三分之二是私营企业。另外，国有企业和外资企业的数量在这四年间没有太大变化，但私营企业数量却连年上升，这可能与不同类型企业的资格审批难易程度不同有关。但企业总资产却与数量不成正比，数量最少的国有企业占工业企业总资产的比例将近一半，而私营企业和外资企业分别只占大约四分之一。国有企业和私营企业的增长势头明显，而外资企业的增长则趋于平缓。至于企业利润，数量最少但总资产最多的国有企业的营业利润呈现稳定中轻微下降的趋势，外资企业虽然有所起伏但整体保持稳定，私营企业的营业利润呈现不错的上升趋势。并且国有企业和外资企业的营业利润总体水平相差不大，而私营企业则比前两者多出二分之一。而出口交货值方面，国有企业数量出口最少且几乎维持不变，私营企业出口虽然也不多，但每年都在增长，显然，外商企业的出口占据了工业企业总出口的七成多。

总而言之，我国工业企业正在不断发展壮大，出口贸易也在逐年增加，营业利润有上升的趋势。

从中可以大致感知到汇率波动对外商企业产生的影响最大，其次是私营企业，最后是国有企业。

4.2.2 企业出口行为的基本特征

4.2.2.1 出口额变化趋势

根据中国海关数据库的统计数据可知，2000—2013 年，中国出口总额由 2492 亿美元增加至 22090 亿美元，增长了 7.86 倍，年均增长 17.2%，以人民币计价时，2000 年出口额为 20634.4 亿元，2013 年增加至 137131.4 亿元，增长了 6.65 倍，年均增长 14.24%，2000—2013 年历年出口额及增长率分别见图 4-7 和图 4-8。

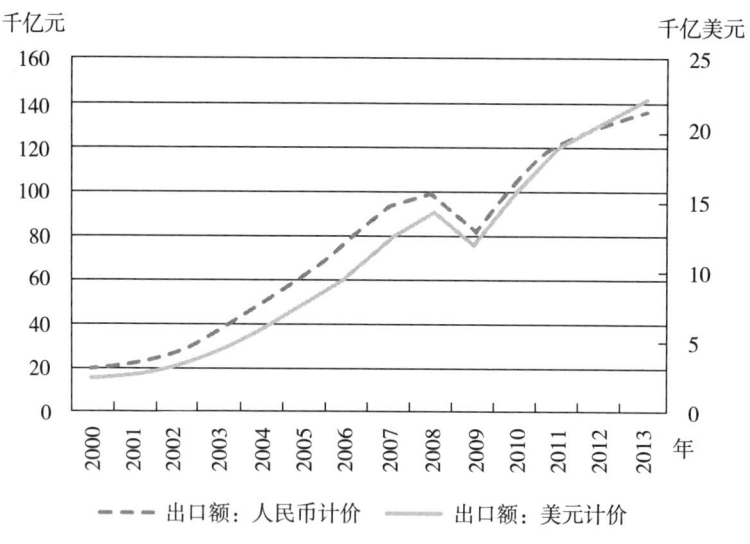

图 4-7 2000—2013 年中国历年出口总额变化趋势

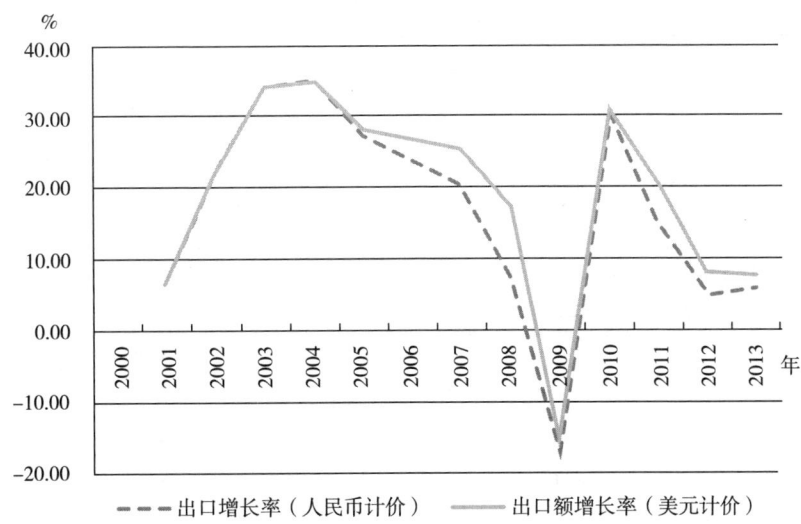

图 4-8　2001—2013 年中国历年出口额增长率变动趋势

从图 4-7 和图 4-8 可以看出，在 2000—2013 年，总体上，中国出口额处于增长路径上，除了 2009 年出口额短暂下降外，其他年份的出口额均保持增长态势。不过，中国出口额的增长变动趋势呈现出较大的波动性，2001—2004 年，中国出口额加速增长，2005—2009 年，中国出口额增长率处于下行通道，2009 年增长率降至 -15% 以下，这主要是由于 2008 年国际金融危机的影响，全球经济遭受重创，外部需求低迷，对我国出口造成了严重影响。随着国际金融危机影响的逐渐式微，全球经济呈现复苏增长，外部需求恢复，中国出口回归正常状态，这使得 2010 年我国出口有超出 30% 的较大增长，2011—2013 年中国出口额增长率又步入下行通道。

我国经济发展较大的区域差异，由于政策扶持以及地理位置优势，东部地区经济率先快速发展，经济发展水平较为发达，这对进行对外贸易的企业形成了较强的吸引力，且东部地区本地企业通常靠近海岸港口，存在得天独厚的运输条件，因而，东部地区汇聚了我国的大部分出口企业，因而，我国出口额主要集中于东部地区，具体的区域分布见表 4-1。

表4-1　　　　　　　　我国出口额区域分布

年份	出口额（亿美元）			出口额比重（%）		
	东部	中部	西部	东部	中部	西部
2000	2270.00	124.00	99.10	91.05	4.97	3.98
2001	2660.00	143.00	98.80	91.69	4.91	3.40
2002	2990.00	149.00	118.00	91.79	4.59	3.62
2003	4030.00	197.00	163.00	91.81	4.48	3.71
2004	5470.00	260.00	206.00	92.16	4.37	3.46
2005	6930.00	329.00	255.00	92.23	4.38	3.39
2006	7440.00	363.00	277.00	92.08	4.50	3.42
2007	11127.91	602.19	470.54	91.21	4.94	3.86
2008	12847.26	804.99	653.45	89.81	5.63	4.57
2009	10944.37	551.16	520.39	91.08	4.59	4.33
2010	14211.43	842.16	720.14	90.10	5.34	4.57
2011	16740.89	1157.31	1079.09	88.22	6.10	5.69
2012	22407.86	1575.87	1807.90	86.88	6.11	7.01
2013	22429.45	1713.71	1900.22	86.12	6.58	7.30

注：出口额和比重根据海关数据计算整理所得。

从表4-1可知，2000—2013年期间，我国东中西部地区的出口额均呈现出快速增长，在出口额占比中，东部地区所占份额最大，不过，具有下降趋势，中部和西部地区所占份额较小，但呈现出增长趋势。从出口额来看，2000—2013年期间，东部地区由2000年的2270亿美元增加至2013年的22429.45亿美元，增长了8.88倍；中部地区由2000年的124亿美元增加至2013年的1713.71亿美元，增长了12.82倍；西部地区由2000年的99.1亿美元增加至2013年的1900.22亿美元，增长了18.17倍。在2000—2013年期间，东部地区每年的出口额均远远超过中西部地区，不过，中西部地区出口额增长更快，尤其是西部地区，在2012年，西部地区出口额超过中部地区。从出口额占比来看，2000—2013年期间，历年东部地区份额最大，且远超中西部地区，2000—2013年期间，东部地区所占比重均值超过90%，2005年所占比重最大，达到92.23%，2013年所占份额最小，但比重仍高达86.12%；对于中西部地区而言，其出口所占比重呈现出缓慢爬升趋势，中部地区由2000年的4.97%增加至2013年的6.58%，西部地区由 2000 年的 3.98% 增长至 2013 年的 7.3%。

在加入世界贸易组织初期，我国的出口企业以国有企业、中外合作合资企业以及外商独资企业为主，私营企业的贡献较小。不过，随着我国市场经济体制的逐步完善和成熟，私营企业快速发展，在出口贸易方面，成为了与外商独资企业分庭抗礼的角色，出口额与外商独资企业的差距逐步缩小。具体的出口变化趋势见表 4-2。

表 4-2　　　　按所有制类型划分的出口额分布　　　　单位：亿美元

年份	国有企业	中外合作合资企业	外商独资企业	集体企业	私营企业	其他
2000	1160.00	602.00	592.00	106.00	23.80	3.69
2001	1240.00	699.00	751.00	156.00	58.60	1.56
2002	1230.00	737.00	962.00	189.00	138.00	1.32
2003	1380.00	943.00	1460.00	251.00	348.00	1.22
2004	1540.00	1240.00	2140.00	318.00	692.00	1.25
2005	1670.00	1490.00	2880.00	360.00	1110.00	2.37
2006	1620.00	1520.00	3180.00	345.00	1400.00	17.30
2007	2250.00	2170.00	4790.00	469.00	2490.00	34.60
2008	2570.00	2450.00	5460.00	547.00	3250.00	23.70
2009	1910.00	1970.00	4750.00	405.00	2960.00	16.60
2010	2340.00	2540.00	6080.00	498.00	4300.00	16.00
2011	2670.00	2910.00	7050.00	554.00	5780.00	23.60
2012	2990.00	3840.00	10100.00	618.00	8190.00	35.40
2013	2900.00	3880.00	9860.00	609.00	8750.00	39.90

注：根据海关数据整理计算所得。

从表 4-2 可以看出，总体上，2000—2013 年期间，不同所有制类型的企业出口额均呈现出增长趋势，除 2009 年短暂下降外，其他年份均具有上升势头，从所有制类型来看，私营企业和外商独资企业的增长幅度最大。具体来看，私营企业由 2000 年的 23.80 亿美元增加至 2013 年的 8750 亿美元，增长了近 367 倍；外商独资企业由 2000 年的 592 亿美元增加至 2013 年的 9860 亿美元，增长了近 16 倍。此外，国有企业由 2000 年的 1160 亿美元增加至 2013 年的 2900 亿美元，增长了 1.5 倍；中外合作合资企业由 2000 年的 602 亿美元增加至 2013 年的 3880 亿美元，增长了 5.45 倍；集体企业由 2000 年的 106 亿美元增加至 2013 年的 609 亿美元，增长了 4.75 倍。基于此，从出口额来看，外商独资企业和私营企业已处于第一梯队，国有企业和中外合作合资企业处于第二梯队，集体企业处于第三梯队。从增长速度来看，私营企业独占鳌头，外商独资企业屈居第二，中外合作合资企业和集体企业紧随其后，国有企业出口额缓慢增长。

表 4-2 给出了不同所有制企业出口额的变化趋势，但未给出出口额在不同所有制企业间的结构分布，即不同所有制企业出口所占比重。随着不同类型所有制企业出口额变化趋势的差异，各所有制企业出口占比也会呈现出变动趋势，为了对此加以分析，表 4-3 给出了按所有制类型划分的企业出口份额占比。

表 4-3　　　按所有制类型划分的出口额占比　　　单位：%

年份	国有企业	中外合作合资企业	外商独资企业	集体企业	私营企业	其他
2000	46.72	24.17	23.76	4.24	0.96	0.15
2001	42.67	24.05	25.86	5.35	2.02	0.05
2002	37.73	22.65	29.56	5.79	4.23	0.04
2003	31.47	21.51	33.33	5.73	7.93	0.03
2004	25.87	20.96	36.13	5.36	11.66	0.02
2005	22.18	19.89	38.29	4.80	14.81	0.03
2006	20.00	18.80	39.41	4.28	17.30	0.21
2007	18.45	17.78	39.28	3.84	20.37	0.28
2008	18.00	17.13	38.14	3.82	22.75	0.17
2009	15.89	16.39	39.54	3.37	24.66	0.14
2010	14.85	16.11	38.56	3.16	27.23	0.10
2011	14.08	15.31	37.13	2.92	30.44	0.12
2012	11.59	14.88	39.22	2.40	31.77	0.14
2013	11.14	14.89	37.87	2.34	33.61	0.15

注：根据海关数据整理计算所得。

从表 4-3 可知，2000—2013 年期间，国有企业和中外合作合资企业出口额占比逐渐降低，私营企业出口额占比逐年增长，外商独资企业出口额占比先增加后下降，不过，总体上，外商独资企业出口额占比仍超过私营企业。具体来看，国有企业出口额占比由 2000 年的 46.72% 下降到 2013 年的11.14%,中外合作合资企业出口额占比由2000年的24.17%下降到2013年的14.89%,与此同时,私营企业出口额占比由2000年的0.96%增长到2013年的33.61%,外商独资企业出口额占比由2000年的23.76%增长至2013年的37.87%。由此可见,在我国对外贸易中,私营企业和外商独资企业发挥了关键作用,2013年两者出口额占比之和超过了70%。伴随我国市场经济体制的逐渐成熟,私营企业必将在促进经济发展中起到更为重要的作用,其在我国对外贸易中的地位也将逐步攀升。

4.2.2.2 出口企业数量变动趋势

根据中国海关数据库的统计数据可知,我国出口企业数量已由2000年的62771家增加至270460家,增长了3.3倍,不过,在2000—2013年期间,我国出口企业数量增长率的变化范围较大,具体的变动趋势见图4-9。

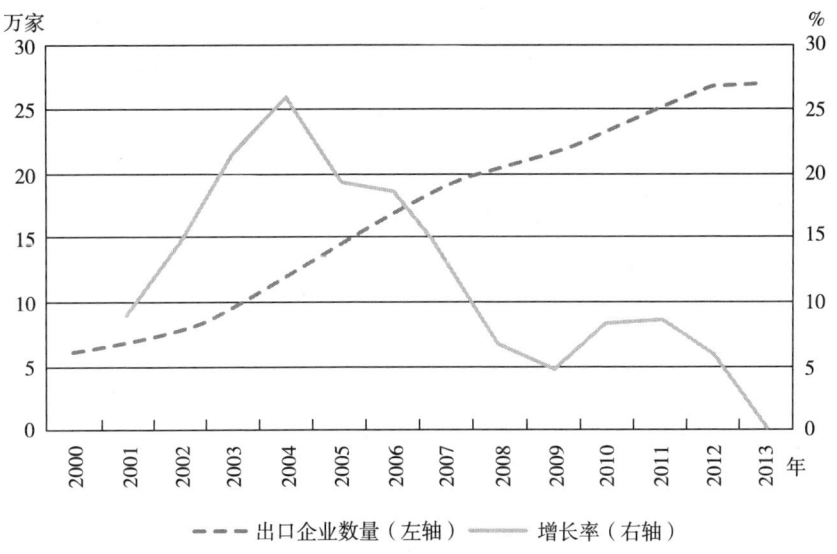

图4-9 2000—2013年中国出口企业数量变动趋势

从图4-9可知,总体而言,我国出口企业数量呈上升趋势,但增长率呈现较大的波动。2000—2013年期间,2000—2004年增长率直线上升,2004年增长率达到期间最大值,为26.02%,2005—2009年增长率处于下行通道,2009年的增长率降至4.73%,2010年和2011年的增长率小幅上升,达到8.5%左右,2012—2013年出口企业数量低速增长,2013年的增长率是期间最小值,为0.33%。我国出口企业数量增长变动趋势与外贸形势息息相关,当国际贸易形势向好时,国际商品需求增加,产品出口有利可图,这将激励非外贸企业进入国际市场,出口企业数量呈现较大幅度增长。而当世界经济形势比较严峻时,国际市场萎缩,产品出口无法为企业带来预期利润,这将促使大量处于出口亏损状态的企业退出国际市场,因而,出口企业数量的增长率将呈现较大幅度的下降。

总体来讲,可把我国出口企业分为生产型出口企业和贸易型出口企业,其中,贸易型出口企业不进行产品的生产,通过为国内产品生产者和国外产品需求者提供中间产品供销渠道而获得利润,生产型出口企业既参与产品生产,又进行产品出口,因而,两种企业在进行对外贸易时可能存在不同特征,需要对两种类型企业的出口行为分别进行分析。图4-10给出了两种类型出口企业数量的变动趋势。

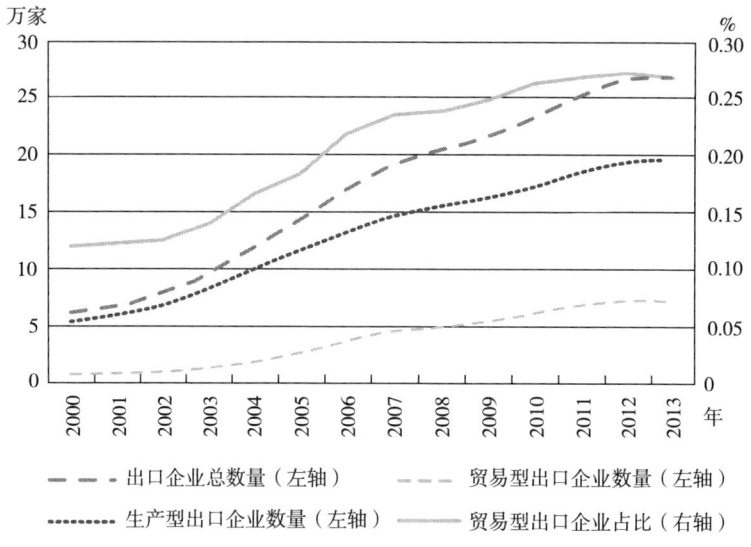

图4-10 不同类型出口企业数量及占比

从图4-10可知,2000—2013年期间,生产型出口企业和贸易型出口企业数量均呈增加趋势。贸易型出口企业数量由2000年的不足1万家达到2013年的7万多家,生产型企业也由2000年的5万多家发展到2013年的将近20万家。从增长幅度来看,贸易型企业数量增加更快。从贸易型出口企业数量在总出口企业数量中的占比来看,2000年贸易型出口企业数量占比为12%,2013年的数量占比将近27%,且在2000—2013年期间,贸易型出口企业数量占比具有逐年增加的趋势。

从出口额的区域分布来看，我国东部地区出口额占比最大，且远远超过中西部地区，那么，在出口企业数量的分布上，东部地区是否仍占据绝对优势呢？为了对此加以研究，本节继续从区域分布上对我国出口企业数量进行分析。我国出口企业区域分布见表4-4和图4-11、图4-12。

表4-4　　　　　　　　我国出口企业数量区域分布

年份	出口企业数量（家）			出口企业数量占比（%）		
	东部	中部	西部	东部	中部	西部
2000	54278	4847	3620	86.51	7.72	5.77
2001	58962	5300	4225	86.09	7.74	6.17
2002	68291	5830	4489	86.87	7.42	5.71
2003	83479	6852	5353	87.24	7.16	5.59
2004	105440	8413	6682	87.48	6.98	5.54
2005	126384	10027	7572	87.78	6.96	5.26
2006	147706	11418	8314	88.22	6.82	4.97
2007	170371	13349	9847	88.02	6.90	5.09
2008	181318	14438	10696	87.83	6.99	5.18
2009	189637	15033	11549	87.71	6.95	5.34
2010	205463	16497	12406	87.67	7.04	5.29
2011	223192	18145	13279	87.66	7.13	5.22
2012	235592	20078	13906	87.39	7.45	5.16
2013	238144	20314	12002	88.05	7.51	4.44

注：根据海关数据整理计算所得。

从表4-4可知，我国出口企业数量在区域分布上，东部地区依然拥有出口企业的绝大部分，不过，中西部地区的出口企业数量也呈现出绝对增加趋势。具体来看，我国东部地区的出口企业数量由2000年的54278家增加至2013年的238144家，增长了3.39倍；我国中部地区的出口企业数量由2000年的4847家增加至2013年的20314家，增长了3.19倍；我国西部地区的出口企业数量由2000年的3620家增加至2013年的12002家，增长了2.32倍。由此可见，在出口企业数量的区域分布方面，我国东部地区不仅占据绝对优势，而且其增长速度更快。

鉴于东部地区出口企业数量增加速度快于中西部，且中部地区快于西部地区，因而，在出口企业数量占比方面，东部地区所占份额将趋于增加，西部地区所占份额将趋于下降，表4-4也对此加以反映。从表4-4的出口

汇率波动与企业行为

企业数量占比情况来看，东部地区所占份额由2000年的86.51%增长至2013年的88.05%，西部地区由2000年的5.77%下降至2013年的4.44%，不过，由于东部地区出口企业数量增加较快，这使得我国中部地区出口企业数量占比呈现下降趋势，由2000年的7.72%下降至2013年的7.51%。

图4-11和图4-12对2000—2013年期间我国出口企业数量区域分布的变动趋势进行更为直观的呈现。

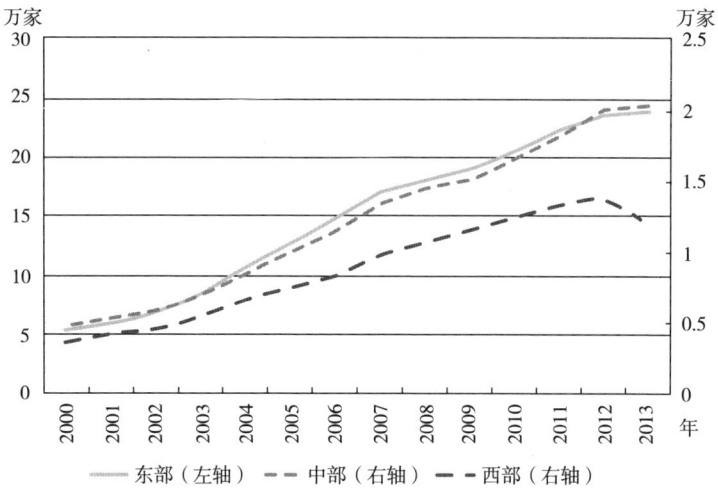

图4-11 按区域划分的我国出口企业数量变动趋势

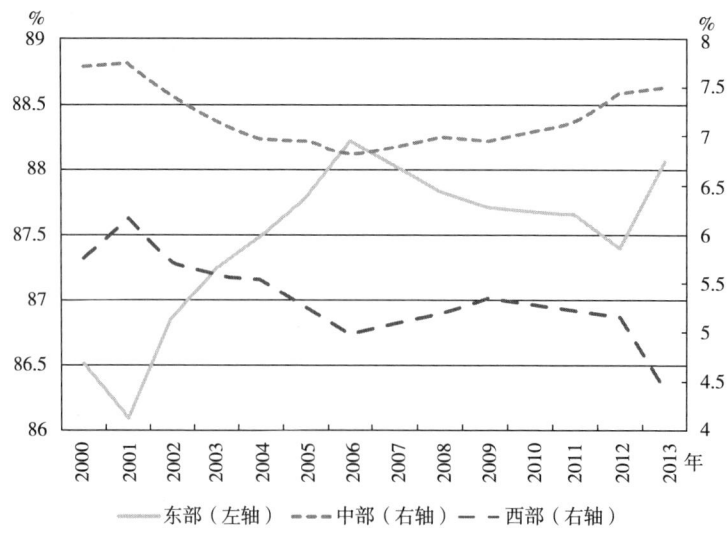

图4-12 按区域划分的我国出口企业数量占比变动趋势

从图 4-11 和图 4-12 可知，从出口企业数量来看，2000—2013 年期间，我国东部和中部地区企业数量逐年增加，西部地区在 2000—2012 年出口企业数量逐年增加，而 2013 年出口企业数量下降。从出口企业数量占比的变动趋势来看，我国东中西部地区出口企业占比表现出一定的波动趋势。具体来看，我国东部地区出口企业数量占比在 2000—2013 年期间每年均超过 86%，不过，2001—2006 年呈现上升趋势，2007—2012 年步入下行通道，2013 年所占份额增加；对于我国中部地区而言，其出口企业数量占比具有先下降后上升的趋势，2001—2006 年下降，2007—2013 年上升；我国西部地区出口企业数量占比总体下降，不过，仍呈现出小幅波动。

通过对不同所有制企业出口额的分析可知，国有企业出口额呈现下降趋势，私营企业和外商独资企业具有上升趋势，那么，出口企业数量在不同所有制企业间的分布存在何种特征，接下来，本节继续从企业所有制性质视角研究出口企业数量的分布特点。按所有制类型划分的出口企业数量分布见表 4-5。

表 4-5　　　　按所有制类型划分的出口企业数量分布　　　　单位：个

年份	国有企业	中外合作合资企业	外商独资企业	集体企业	私营企业	其他
2000	13271	23672	19378	4301	1837	286
2001	13483	23321	22115	5132	4136	300
2002	13090	22944	26050	5642	10405	480
2003	12888	23796	31351	6003	20754	892
2004	12144	24581	36890	6031	40308	581
2005	11230	24921	42472	5715	58928	717
2006	10335	25025	46753	5248	77421	2656
2007	9807	23036	44536	4979	98675	2791
2008	9211	22555	46756	4631	111621	2246
2009	8406	21444	46930	4051	124924	2168
2010	8060	20800	47714	3798	144635	1963
2011	7765	19236	45738	3608	164515	2085
2012	7453	20983	55142	3402	180256	2221
2013	7128	19799	53814	3242	184178	2214

注：根据海关数据整理计算所得。

汇率波动与企业行为

从表4-5可知，总体来看，在2000—2013年期间，国有企业和中外合作合资企业的出口企业数量下降，而私营企业和外商独资企业出口企业数量增加，且私营企业的增长速度更快。具体来看，属于国有企业的出口企业数量由2000年的13271家下降至2013年的7128家，下降幅度接近50%；属于中外合作合资企业的出口企业数量由2000年的23672家下降至2013年的19799家，减少幅度为16.36%；与此同时，属于私营企业的出口企业数量由2000年的1837家增加至2013年的184178家，增长幅度达到将近100倍；属于外商独资企业的出口企业数量由2000年19378家增加至2013年的53814家，增长了1.78倍。基于此，从出口企业数量变动来看，私营企业增长幅度最大，外商独资企业次之，而国有企业和中外合作合资企业均出现下降，其中，国有企业的下降幅度最大。

图4-13对不同所有制类型出口企业数量变动趋势进行了更为直观的呈现。从图4-13可知，2000—2013年期间，私营企业出口企业数量直线式增长，国有企业出口企业数量逐年下降，中外合作合资企业出口企业数量在波动中趋于下降，外商独资企业出口企业数量在小幅波动中趋于上升。

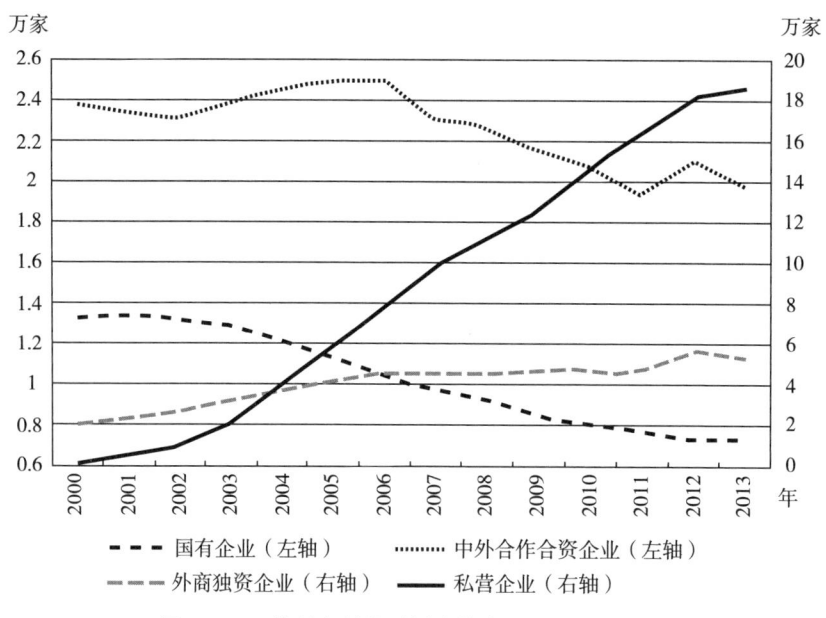

图4-13 按所有制类型划分的出口企业数量分布

不同所有制类型出口企业数量的变动会引起出口企业在各种所有制类

型企业中的比重发生变化。私营企业出口企业数量的直线式增长会带来其所占比重的上升，而国有企业所占比重将会出现下降趋势。为了对此加以呈现，表4-6给出了按所有制类型划分的出口企业数量占比，图4-14呈现了数量占比的变动趋势。

表4-6　　　　按所有制类型划分的出口企业数量占比　　　　单位:%

年份	国有企业	中外合作合资企业	外商独资企业	集体企业	私营企业	其他
2000	21.15	37.73	30.88	6.85	2.93	0.46
2001	19.69	34.05	32.29	7.49	6.04	0.44
2002	16.65	29.19	33.14	7.18	13.24	0.61
2003	13.47	24.87	32.77	6.27	21.69	0.93
2004	10.08	20.39	30.61	5.00	33.44	0.48
2005	7.80	17.31	29.50	3.97	40.93	0.50
2006	6.17	14.95	27.92	3.13	46.24	1.59
2007	5.07	14.23	27.51	2.57	50.98	1.44
2008	4.46	12.83	26.61	2.24	54.07	1.09
2009	3.89	11.44	25.03	1.87	57.78	1.00
2010	3.44	10.13	23.23	1.62	61.71	0.84
2011	3.05	9.90	23.55	1.42	64.61	0.82
2012	2.76	7.81	20.53	1.26	66.87	0.82
2013	2.64	7.34	19.96	1.20	68.10	0.82

注：根据海关数据计算获得。

从表4-6可以看出，2000—2013年期间，总体上，国有企业、中外合作合资企业以及外商独资企业的出口企业数量占比均呈现显著的降低，而私营企业的出口企业数量占比具有较大幅度的增加。具体来说，国有企业出口企业数量占比由2000年的21.15%下降至2013年的2.64%，中外合作合资企业出口企业数量占比由2000年的37.73%下降至2013年的7.34%，外商独资企业出口企业数量占比由2000年的30.88%降低至2013年的19.96%，私营企业出口企业数量占比由2000年的不足3%上升至2013年的68.1%。由此可见，在按所有制类型划分的出口企业数量占比变动来看，中外合作合资企业下降幅度最大，超过30%，国有企业次之，下降接近19%，外商独资企业下降幅度为10.92%，私营企业出现了较大幅度上升，出口企业数量占比增长超过60%。

图4-14对不同所有制出口企业数量占比变动趋势进行了更为直观的呈现。从图4-14可以看出，2000—2006年期间，国有企业和中外合作合资企业出口企业数量占比呈现直线式下降，2007—2013年缓慢下降。与此同时，2000—2006年，私营企业出口企业数量占比呈直线式上升，2007—2013年，提高速度放缓。外商独资企业出口企业数量占比在波动中趋于下降。

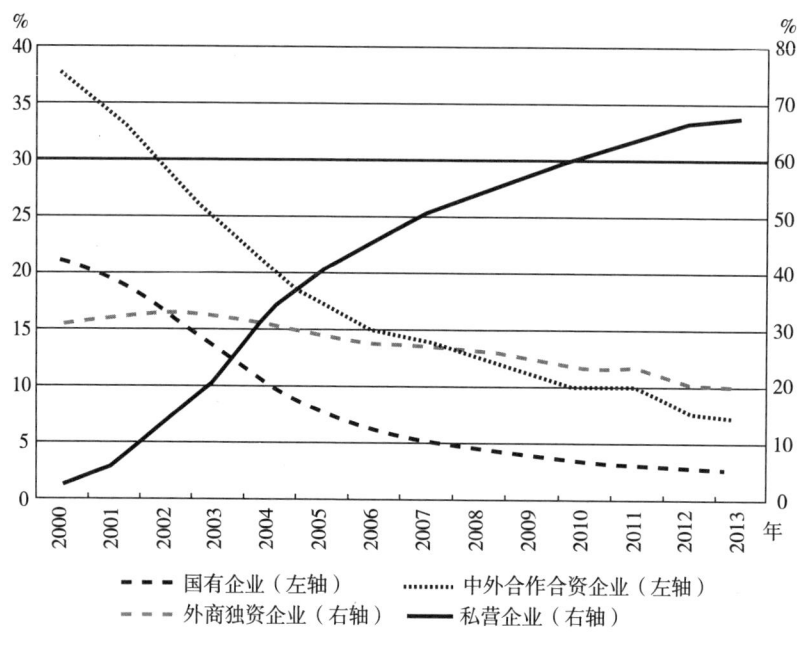

图4-14 按所有制类型划分的出口企业数量占比

4.2.2.3 企业出口产品种类

根据海关数据统计可知，2000年按照HS8位编码的中国出口产品种类为6723种，2013年出口产品种类达到7500多种，2000—2013年期间，中国出口产品种类总体上呈现逐年增加的趋势，具体见图4-15。图4-15是我国整体出口产品种类的变化趋势，在企业层面，产品的出口种类存在何种特征呢？表4-7和表4-8给出了2000—2013年我国不同产品出口种类的企业数量和占比。

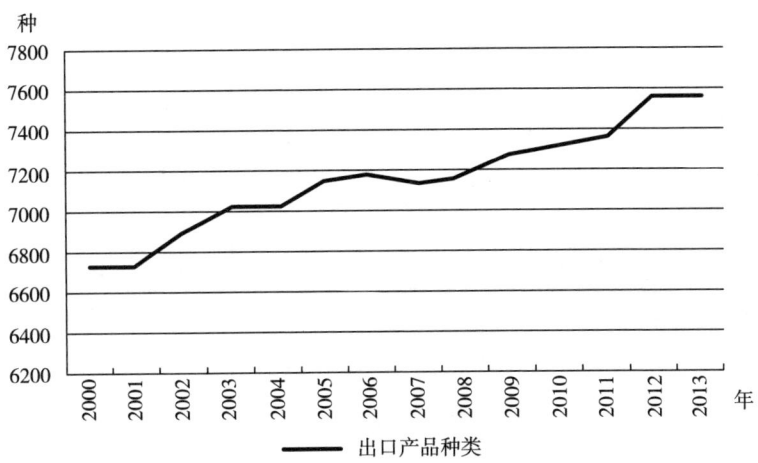

图 4-15　2000—2013 年中国出口产品种类变化趋势

从表 4-7 可以看出，出口单一产品和多产品的企业数量均呈现上升趋势，且我国出口企业具有显著的多产品出口特征。具体来看，出口单一产品的企业数量由 2000 年的 17026 家增加至 2013 年的 63807 家，增长了 2.75 倍，出口两种产品的企业数量由 2000 年的 10226 家增加至 2013 年的 40221 家，其他梯次的产品种类的出口企业数量均出现一定幅度的增长。总体来看，出口两种及以上产品企业的总数量由 2000 年的 45719 家增加至 2013 年的 206653 家，增长了 3.52 倍，这表明出口两种及以上产品的企业数量增长幅度要高于出口单一产品的企业数量。

表 4-7　2000—2013 年各出口产品种类的企业数量　　　　　　单位：个

年份	1 种	2 种	3 种	4 种	5 种	6~10 种	11~50 种	50 种以上
2000	17026	10226	6579	4651	3446	8503	8881	3433
2001	18225	11239	7276	5078	3826	9485	9709	3649
2002	20266	12379	8304	5909	4406	11230	11848	4269
2003	24678	14883	10014	7030	5270	13823	14619	5367
2004	30358	18216	12212	8953	6834	17597	19534	6831
2005	34512	21683	14431	10762	7970	21923	24707	7994
2006	39801	24910	16712	12191	9259	24639	28770	11156
2007	43679	28331	19203	14045	11206	29556	34559	12988
2008	48445	30592	20715	15359	11546	31763	36205	11827

续表

年份	1种	2种	3种	4种	5种	6~10种	11~50种	50种以上
2009	50327	32040	21787	16140	12109	33429	38729	11659
2010	54062	33967	23430	17204	13383	36395	43117	12808
2011	59515	37460	25367	18938	14254	39594	45166	14323
2012	63318	39948	27111	19764	15348	41953	47747	14387
2013	63807	40221	27468	20107	15553	42804	49118	11382

注：根据海关数据计算获得。

表4-8给出了出口1种及以上的企业数量占比情况。从表4-8可以看出，2000—2013年期间，出口单一产品的企业数量占比具有先下降后上升的变化趋势，出口2种产品的企业占比呈现小幅下降趋势，出口3种、4种和5种产品的企业占比较为稳定，变化幅度较小，出口6至50种产品的企业占比总体上处于上升通道，出口50种产品的企业占比小幅下降。具体来看，2000—2013年间，出口单一产品的企业占比每年均超过23%，这表明，在我国的出口企业中，将近四分之一的企业仅出口一种产品，从该类出口企业数量占比变化趋势来说，2000—2007年，出口单一产品的企业占比由27.14%下降至22.57%，此后，出口单一产品的企业占比上升至2013年的23.59%。出口2种产品的企业占比由2000年的16.3%在波动变化中下降至2013年的14.87%，出口3种、4种和5种产品的企业占比依次在10.05%、7.4%以及5.6%上下波动，出口6~10种产品的企业占比由2000年的13.55%增加至2013年的15.83%，出口11~50种产品的企业占比由2000年的14.15%上升至2013年的18.16%，出口50种产品以上的企业占比由2000年的5.47%下降至2013年的4.21%。

表4-8 2000—2013年各出口产品种类的企业占比 单位:%

年份	1种	2种	3种	4种	5种	6~10种	11~50种	50种以上
2000	27.14	16.30	10.49	7.41	5.49	13.55	14.15	5.47
2001	26.61	16.41	10.62	7.41	5.59	13.85	14.18	5.33
2002	25.78	15.75	10.56	7.52	5.60	14.29	15.07	5.43
2003	25.79	15.55	10.47	7.35	5.51	14.45	15.28	5.61
2004	25.19	15.11	10.13	7.43	5.67	14.60	16.21	5.67
2005	23.97	15.06	10.02	7.47	5.54	15.23	17.16	5.55

续表

年份	1种	2种	3种	4种	5种	6~10种	11~50种	50种以上
2006	23.77	14.88	9.98	7.28	5.53	14.72	17.18	6.66
2007	22.57	14.64	9.92	7.26	5.79	15.27	17.85	6.71
2008	23.47	14.82	10.03	7.44	5.59	15.39	17.54	5.73
2009	23.28	14.82	10.08	7.46	5.60	15.46	17.91	5.39
2010	23.07	14.49	10.00	7.34	5.71	15.53	18.40	5.46
2011	23.37	14.71	9.96	7.44	5.60	15.55	17.74	5.63
2012	23.49	14.82	10.06	7.33	5.69	15.56	17.71	5.34
2013	23.59	14.87	10.16	7.43	5.75	15.83	18.16	4.21

注：各类企业占比根据海关数据计算获得。

一般而言，可把我国的出口企业分为两类：生产型出口企业和贸易型出口企业。对于贸易型出口企业而言，该类企业基本上不参与产品生产，通过作为中间商实现产品生产者和消费者的连通，以此获取利润，因而，这类企业与生产型企业参与国际贸易的行为模式存在差异。根据企业参与国际贸易的条件可知，只有生产率达到一定水平时，企业才会进行对外贸易，当企业生产率较低时，企业的产品仅满足国内消费需求。不过，为了实现出口利润最大化目标，企业通常首先生产最具竞争力的产品，即能够给企业带来更多利润的核心产品，只有当生产能力多余以及国际市场需求旺盛时，企业才会生产并出口其他产品，且产品种类的增加将会提高企业的生产成本，因而，生产型企业的产品出口种类通常较少，只有当生产能力充裕，且增加产品能够为其带来利润时，生产型企业才会增加出口产品种类。而对于贸易型出口企业而言，由于不需要直接参与生产过程，这避免了出口产品种类增加而带来的产品边际成本的上升，相反，企业通过增加出口产品种类将会降低产品出口的边际成本，基于此，对于贸易型出口企业而言，进行多种产品的出口通常是其首选。表4－9和表4－10给出了生产型和贸易型出口企业在出口产品种类上的分布情况。

表4－9　　2000—2013年生产型企业各出口产品种类的企业占比　　单位：%

年份	1种	2种	3种	4种	5种	6~10种	11~50种	50种以上
2000	29.29	17.65	11.33	7.93	5.86	13.96	12.10	1.89
2001	28.79	17.79	11.45	7.89	5.89	14.27	12.03	1.89

续表

年份	1种	2种	3种	4种	5种	6~10种	11~50种	50种以上
2002	27.92	17.08	11.35	8.05	5.94	14.72	12.89	2.05
2003	28.01	16.91	11.24	7.87	5.82	14.89	13.08	2.17
2004	27.78	16.58	10.98	7.86	5.95	14.85	13.62	2.37
2005	26.76	16.64	10.97	8.03	5.81	15.39	14.27	2.12
2006	27.18	16.72	10.99	7.95	5.88	14.85	15.40	2.75
2007	25.24	16.25	10.80	7.84	6.14	15.58	15.03	2.26
2008	26.22	16.40	10.89	7.92	5.87	15.41	15.07	2.07
2009	26.18	16.41	10.95	7.98	5.87	15.47	15.33	2.05
2010	26.23	16.14	10.84	7.89	5.94	15.58	14.96	2.51
2011	26.24	16.29	10.76	7.88	5.83	15.53	14.53	1.85
2012	26.77	16.53	10.99	7.81	5.97	15.53	14.95	1.84
2013	26.40	16.32	10.95	7.89	6.01	15.63	15.40	2.75

注：各类企业占比根据海关数据计算获得。

从表4-9可知，2000—2013年期间，总体上，较大部分的生产型企业出口的产品种类较少，将近70%的生产型企业出口产品种类介于1种到5种，超过四分之一的生产型企业仅出口1种产品，不过，生产型企业出口产品种类具有增加的趋势。具体来看，对于生产型出口企业而言，仅出口单一产品的企业占比首先由2000年的29.29%下降至2007年的25.24%，然后，缓慢爬升至2013年的26.4%，出口2种产品的生产型企业占比由2000年的17.65%下滑至2013年的16.32%，出口3种至5种的生产型企业占比较为稳定，变化幅度较小，三者合计占比将近25%。出口5种产品以内的生产型企业合计占比由2000年的72%下降2013年的67.56%，相应地，出口产品种类大于5种的生产型企业合计占比由2000年的28%增长至2013年的32.44%。

为了对生产型企业和贸易型企业的出口产品种类特征进行比较分析，表4-10给出了贸易型企业出口产品种类的企业占比变化情况。

从表4-10可以看出，2000—2013年期间，总体上，贸易型企业更倾向于出口多种产品，超过50%的贸易型企业出口产品种类在6种以上，且出口11~50种的贸易型企业占比最大，不过，在2000—2013年，贸易型企业出口产品种类具有减少的趋势。具体来看，2000—2013年，总体上，出口 11~50 种产品的贸易型企业占比最大，出口 50 种以上产品的贸易型企业占比次之，而出口单一产品的贸易型企业占比由 2000 年的 11.71% 增长至 2013 年的 15.95%，所占比重在整个期间均较小。此外，出口 2 种、3 种、4 种和 5 种产品的贸易型企业占比均呈增长趋势，由 2000 年的 6.51%、4.36%、3.64% 和 2.79% 依次增加至 2013 年的 10.92%、8%、6.19% 和 5.03%，出口 6~10 种产品的贸易型企业占比由 2000 年的 10.58% 提高至 2013 年的 16.36%。相对于出口 10 种及以下产品的贸易型企业占比的增加，出口 11~50 种产品的贸易型企业占比变化幅度较小，仅由 2000 年的 28.99% 小幅降低至 2013 年的 26.9%，而出口 50 种以上产品的贸易型企业占比由 2000 年的 31.42% 大幅下降至 2013 年的 10.65%。

表 4-10　2000—2013 年贸易型企业各出口产品种类的企业占比　　单位:%

年份	1 种	2 种	3 种	4 种	5 种	6~10 种	11~50 种	50 种以上
2000	11.71	6.51	4.36	3.64	2.79	10.58	28.99	31.42
2001	11.14	6.62	4.76	4.04	3.41	10.82	29.45	29.75
2002	10.98	6.53	5.10	3.85	3.31	11.32	30.15	28.76
2003	12.22	7.26	5.73	4.14	3.61	11.74	28.70	26.61
2004	12.20	7.79	5.87	5.27	4.26	13.34	29.12	22.15
2005	11.62	8.05	5.83	5.01	4.33	14.49	29.94	20.73
2006	11.60	8.30	6.37	4.91	4.28	14.24	28.89	21.40
2007	11.83	8.16	6.40	4.90	4.37	14.04	27.71	22.59
2008	12.89	8.75	6.74	5.61	4.52	15.29	27.14	19.04
2009	12.94	9.14	6.97	5.62	4.66	15.45	28.02	17.21
2010	12.62	9.06	7.23	5.53	4.94	15.35	28.53	16.74
2011	11.89	8.38	6.75	5.66	4.66	15.65	28.88	18.12
2012	14.77	10.27	7.58	6.05	4.96	15.64	26.15	14.58
2013	15.95	10.92	8.00	6.19	5.03	16.36	26.90	10.65

注：各类企业占比根据海关数据计算获得。

通过对表 4-9 和表 4-10 的比较可知，2000—2013 年期间，总体而言，生产型企业出口产品种类较少，但具有增加趋势，贸易型企业出口产品种类较多，但呈现出下降趋势。这意味着生产型企业和贸易型企业在参与国际贸易时具有不同的出口特征。

从出口额和出口企业数量的区域分布可知，我国东部地区对出口的贡献最大,且在我国的总出口中处于绝对主导地位,同时,在我国出口企业数量中,东部地区占据最大份额。对于中西部地区,无论是出口额,还是出口企业数量,均与东部地区存在较大差距,那么,在出口产品种类方面,中西部和东部地区是否存在差异呢?为了对此加以分析,本节继续从东中西部地区对我国出口产品种类的分布情况加以研究,具体的区域分布情况分别见表4-11、表4-12和表4-13。

表4-11　　　　　东部地区产品出口种类企业分布情况　　　　　单位:个、%

年份	1种		2~5种		6~10种		11~50种		50种以上	
	数量	占比	数量	占比	数量	占比	数量	占比	数量	占比
2000	14270	26.29	21940	40.42	7512	13.84	7660	14.11	2896	5.34
2001	15155	25.70	23974	40.66	8412	14.27	8316	14.10	3105	5.27
2002	16945	24.81	27290	39.96	10067	14.74	10339	15.14	3650	5.34
2003	20714	24.81	32818	39.31	12415	14.87	12874	15.42	4658	5.58
2004	25508	24.19	40740	38.64	15844	15.03	17394	16.50	5954	5.65
2005	28946	22.90	48464	38.35	19831	15.69	22072	17.46	7070	5.59
2006	33456	22.65	55847	37.81	22289	15.09	25861	17.51	10253	6.94
2007	36515	21.43	64280	37.73	26691	15.67	30955	18.17	11930	7.00
2008	40561	22.37	69063	38.09	28622	15.79	32407	17.87	10665	5.88
2009	42231	22.27	72701	38.34	30184	15.92	34605	18.25	9916	5.23
2010	45444	22.12	77696	37.82	32849	15.99	38651	18.81	10823	5.27
2011	49940	22.38	84881	38.03	35576	15.94	40280	18.05	12515	5.61
2012	53273	22.61	89929	38.17	37826	16.06	42770	18.15	11794	5.01
2013	54307	22.80	91786	38.54	38703	16.25	44356	18.63	8992	3.78

注:各类企业占比根据海关数据计算获得。

表4-11给出了东部地区出口产品种类的企业分布情况,总体而言,2000—2013年期间,东部地区企业出口产品种类呈现增加趋势。具体来看,出口单一产品的企业占比由2000年的26.29%下降至2013年的22.80%,出口2~5种产品的企业占比由2000年的40.42%下降至2013年的38.54%,与此同时,出口6~10种以及11~50种产品的企业占比分别由2000年的13.84%和14.11%依次提升至2013年的16.25%和18.63%。这表明,东部地区出口企业倾向于增加出口产品种类。

表 4 – 12　　　　　中部地区产品出口种类企业分布情况　　　　单位：个、%

年份	1 种		2 ~ 5 种		6 ~ 10 种		11 ~ 50 种		50 种以上	
	数量	占比	数量	占比	数量	占比	数量	占比	数量	占比
2000	1619	33.40	1769	36.50	525	10.83	621	12.81	313	6.46
2001	1699	32.06	1983	37.42	550	10.38	745	14.06	323	6.09
2002	1882	32.28	2165	37.14	618	10.60	820	14.07	345	5.92
2003	2255	32.91	2554	37.27	769	11.22	911	13.30	363	5.30
2004	2778	33.02	3162	37.58	950	11.29	1122	13.34	401	4.77
2005	3209	32.00	3758	37.48	1162	11.59	1450	14.46	448	4.47
2006	3702	32.42	4288	37.55	1351	11.83	1594	13.96	483	4.23
2007	4165	31.20	5030	37.68	1592	11.93	1960	14.68	602	4.51
2008	4642	32.15	5327	36.90	1740	12.05	2096	14.52	633	4.38
2009	4733	31.48	5589	37.18	1784	11.87	2183	14.52	744	4.95
2010	5087	30.84	6217	37.69	1975	11.97	2361	14.31	857	5.19
2011	5642	31.09	6765	37.28	2269	12.50	2571	14.17	898	4.95
2012	6089	30.33	7462	37.17	2475	12.33	2763	13.76	1289	6.42
2013	6150	30.27	7474	36.79	2578	12.69	2846	14.01	1266	6.23

注：各类企业占比根据海关数据计算获得。

表 4 – 12 是中部地区出口产品种类的企业分布情况，总体来说，2000—2013 年期间，中部地区企业出口单一产品的企业占比较大，不过，出口产品种类具有增加趋势。具体来看，2000—2013 年期间，中部地区出口单一产品的企业占比由 2000 年的 33.4% 下降至 2013 年的 30.27%，出口 2 ~ 5 种产品的企业占比变化不大，且所占比重最大，出口 6 ~ 10 种以及 11 ~ 50 种产品的企业占比分别由 2000 年的 10.83% 和 12.81% 依次增加至 2013 年的 12.69% 和 14.01%。

表 4 – 13　　　　　西部地区产品出口种类企业分布情况

年份	1 种		2 ~ 5 种		6 ~ 10 种		11 ~ 50 种		50 种以上	
	数量	占比	数量	占比	数量	占比	数量	占比	数量	占比
2000	1137	31.41	1193	32.96	466	12.87	600	16.57	224	6.19
2001	1371	32.45	1462	34.60	523	12.38	648	15.34	221	5.23
2002	1438	32.03	1543	34.37	545	12.14	689	15.35	274	6.10

续表

年份	1 种		2~5 种		6~10 种		11~50 种		50 种以上	
	数量	占比	数量	占比	数量	占比	数量	占比	数量	占比
2003	1709	31.93	1825	34.09	639	11.94	834	15.58	346	6.46
2004	2072	31.01	2313	34.62	803	12.02	1018	15.23	476	7.12
2005	2357	31.13	2624	34.65	930	12.28	1185	15.65	476	6.29
2006	2643	31.79	2937	35.33	999	12.02	1315	15.82	420	5.05
2007	2999	30.46	3475	35.29	1273	12.93	1644	16.70	456	4.63
2008	3242	30.31	3822	35.73	1401	13.10	1702	15.91	529	4.95
2009	3363	29.12	3786	32.78	1460	12.64	1941	16.81	999	8.65
2010	3531	28.46	4071	32.81	1571	12.66	2105	16.97	1128	9.09
2011	3932	29.61	4373	32.93	1749	13.17	2315	17.43	910	6.85
2012	3956	28.45	4780	34.37	1652	11.88	2214	15.92	1304	9.38
2013	3350	27.91	4089	34.07	1523	12.69	1916	15.96	1124	9.37

注：各类企业占比根据海关数据计算获得。

从表4-13可知，2000—2013年期间，总体而言，西部地区出口产品种类以少为主，但具有增加趋势。具体来说，出口单一产品的企业占比由2000年的31.41%下降至2013年的27.91%，出口2~5种产品的企业占比由2000年的32.96%增加至2013年的34.07%，出口6~10种和11~50种产品的企业占比变化不大。

通过对表4-11、表4-12以及表4-13的分析可知，我国东部地区出口单一产品的企业占比相对较小，出口多产品的企业所占份额较大，而中西部地区出口单一产品的企业占比相对较大，出口多产品的企业占比相对较小。这意味着我国东部地区出口企业更倾向于进行多产品出口，中西部地区相对偏好单一产品出口。不过，从企业占比的变动趋势来看，我国东中西部地区的企业均具有增加出口产品种类的趋势。

4.2.3 企业生产率

企业是社会的基本生产单元，是社会财富的生产者和流通者，企业生产率直接与劳动者的工资挂钩，生产率的高低更是一国竞争力的体现。企业生产率的高低是企业参与国际市场的重要因素。

4.2.3.1 OP法企业生产率的估计

为了分析我国企业生产率的状况,就需要对企业生产率进行测度。虽然采用最小二乘法估计企业生产率比较简便,但用这种方法估计企业生产率忽略了未观测到的生产率冲击,将产生内生性问题。另外,资本存量会对企业进入退出决策产生影响,产生选择性偏差。

为了解决内生性偏差和选择性偏差,可采用 OP 法。OP 法假定企业在每期期初根据自己的生产率决定是否退出生产市场,如果选择退出,其可以得到清算价值 Φ;如果选择不退出,那么,它将决定本期的可变投入如劳动、原材料和能源的投资水平 I_{it}。另外,设本期的资本存量为 K_{it},生产率冲击为 A_{it},企业年龄为 age_{it};预期下期的生产率冲击受到本期生产率冲击和资本的影响,换言之,$E(A_{i,t+1} \mid A_{it}, K_{it})$,企业利润则由 A_{it} 和 K_{it} 共同决定。

企业根据未来利润的折现值最大化来进行生产决策,第 i 个企业可以采用式 (4-1) 所示的贝尔曼 (Bellman) 方程:

$$V_{it} = \text{Max}[\Phi, \text{Sup}_{I_{it} \geq 0} \Pi_{it}(K_{it}, age_{it}, A_{it}) - C(I_{it}) + \rho E\{V_{i,t+1}(K_{i,t+1}, age_{i,t+1}, A_{i,t+1}) \mid J_{it}\}] \quad (4-1)$$

其中,$\Pi_{it}(\cdot)$ 为利润函数,$C(\cdot)$ 为投资的成本函数,ρ 为折现率,J_{it} 表示 t 时期的生产环境信息。式 (4-1) 表明:对于第 i 个企业,如果退出的清算价值大于折现价值,则选择退出市场。

为了对式 (4-1) 求解,设当生产率大于门限值 $\overline{A}_{it}$ 时,企业 i 留在生产市场 ($x_{it}=1$),当生产率小于门限值 $\overline{A}_{it}$ 时,企业退出生产市场 ($x_{it}=0$),其中门限值根据当期企业的资本存量和企业年龄确定,可以表示如下:

$$x_{it} = \begin{cases} 1 & A_{it} \geq \overline{A}_{it}(K_{it}, age_{it}) \\ 0 & A_{it} < \overline{A}_{it}(K_{it}, age_{it}) \end{cases} \quad (4-2)$$

企业本期投资量取决于资本存量、生产率和企业年龄,也就是有

$$I_{it} = I(K_{it}, \Omega_{it}, age_{it}) \quad (4-3)$$

其中,Ω_{it} 为生产率,服从一阶马尔可夫过程。

企业的生产形式仍服从式 (4-4) 所示的柯布—道格拉斯函数:

$$\ln y_{it} = \beta_0 + \beta_1 \ln l_{it} + \beta_2 \ln m_{it} + \beta_3 \ln e_{it} + \beta_4 \ln k_{it} + \beta_5 \ln age_{it} + u_{it} \quad (4-4)$$

$$u_{it} = A_{it} + \eta_{it} \quad (4-5)$$

其中，y、k 和 l 分别是产出、资本投入和劳动投入，m、e 和 age 分别表示企业的中间投入、能源消耗和年龄，A 表示企业生产决策者可以观察到、但是研究者观察不到的生产率，η 表示决策者和研究者都无法观察的生产率，因而其不会影响生产决策。

因为 A 与可变投入相关，导致随机干扰项 u 和 l、m、e 相关。为了解决这一问题，设企业未来的生产率是当期生产率冲击 A 的增函数，这样，本期正向生产率冲击导致企业增加投资，根据式（4-4）可以得出：

$$A_{it} = h(I_{it}, K_{it}, age_{it}) \quad (4-6)$$

将式（4-6）和式（4-5）代入式（4-4）中得

$$\ln y_{it} = \beta_1 \ln l_{it} + \beta_2 \ln m_{it} + \beta_3 \ln e_{it} + \phi(\ln k_{it}, \ln age_{it}, \ln i_{it}) + \eta_{it} \quad (4-7)$$

其中，$\phi(\ln k_{it}, \ln age_{it}, \ln i_{it}) = \beta_0 + \beta_4 \ln k_{it} + \beta_5 \ln age_{it} + h(I_{it}, K_{it}, age_{it})$，且可以用资本、企业年龄和投资的二阶多项式表示；此时，随机干扰项 η 和投入之间不再相关，可以直接对式（4-6）进行最小二乘法估计，得到 β_1、β_2 和 β_3 的估计值。

为了进一步求出 $\ln k$ 和 $\ln age$ 对应的系数，同时控制选择性偏差，需要先估计出企业的生存概率。企业本期是否退出生产市场由上期的生产率冲击和退出的门限值确定，因而可以建立一个如式（4-8）所示的预测本期是否退出市场的概率模型：

$$\chi_{it} = \exp(a_1 \ln i_{i,t-1} + \alpha_2 \ln k_{i,t-1} + \alpha_3 \ln age_{i,t-1} + \eta_{i,t-1}) \quad (4-8)$$

通过估计模型（4-8），可以预测出本期企业的生存概率 $\hat{P}_i t$，接着估计模型（4-9）就可以得到资本和企业年龄的系数。

$$\ln y_{it} - \beta_1 \ln l_{it} - \beta_2 \ln m_{it} - \beta_3 \ln e_{it} = \beta_4 \ln k_{it} - \beta_5 \ln age_{it}$$
$$+ g(\hat{\phi}_{t-1} - \beta_4 \ln k_{i,t-1} - \beta_5 \ln age_{i,t-1}, \hat{P}_i t) + \xi_{it} + \eta_{it} \quad (4-9)$$

其中，$g(\cdot)$ 表示只有本期存活的企业才进行投资，由 $\hat{\phi}_{t-1} - \beta_4 \ln k_{i,t-1} - \beta_5 \ln age_{i,t-1}$ 和 $\hat{P}_i t$ 的二阶多项式近似表示，因而式（4-9）可以消除选择性偏差。

4.2.3.2 企业生产率的整体分布

估计出资本和劳动的产出弹性系数后，通过产出减去资本和劳动的贡献就可以计算得到我国工业企业的全要素生产率。如前所述，企业生产率可以用最小二乘法估计，但这种方法会产生内生性偏误和选择性偏误，因此，采用 OP 法估计去要素生产率。由于采用的微观数据量较大，这里绘出用两种方法计算得到的全要生产率水平值的核密度图，通过将两个图形放在一起，可以方便比较两种方法计算出的生产率分布特征，如图 4-16 所示。

从图 4-16（a）可以看出，OP 法计算的生产率核密度曲线处在最小二乘法计算核密度曲线的左边，前者的均值为 4.59，而后者的均值为 5.19，这表明最小二乘法高估了企业的全要素生产率。进一步通过偏度—峰度检验，发现两种方法计算的生产率都拒绝了正态分布的假设，其中，偏度值分别为 -0.063 和 -0.044，说明核密度分布较为对称；峰度值分别为 3.368 和 3.272，表明企业生产率的分布比正态分布更为集中。

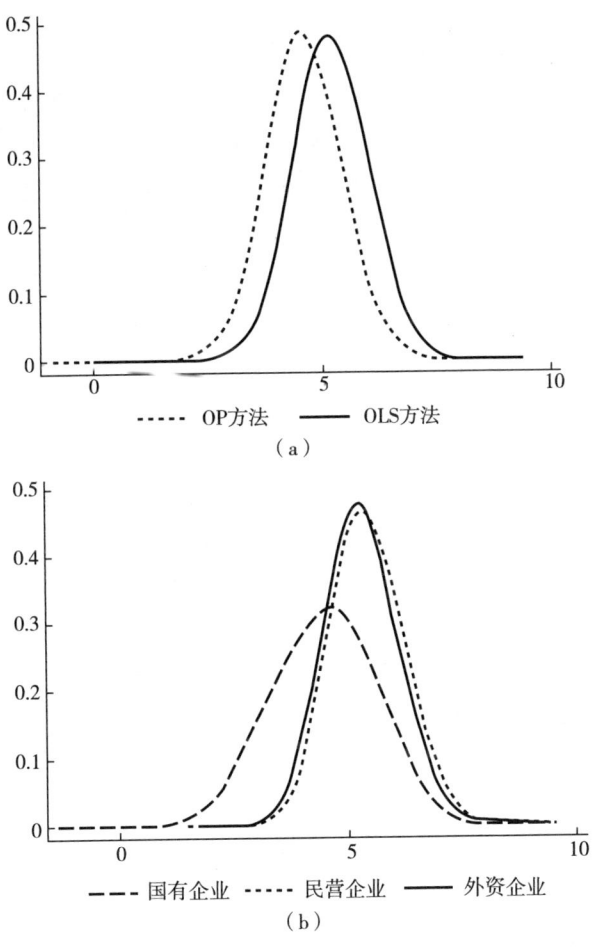

图 4-16　全要素生产率的核密度图

(1) 分企业所有制的生产率对比

企业所有权结构决定着企业产权的分配方式和分配比率，在我国，国有企业充当着经济发展中流砥柱的作用。由于企业激励、政策环境不同，不同性质的企业的创新动力和生产率也存在很大差异，从图 4-16（b）可以看出，将 OP 法计算出的生产率按照企业所有制类型划分为国有企业、民营企业和外资企业进行比较，国有企业生产率分布的峰度明显低于民营企业和外资企业。一方面，国有企业的创新投入存在浪费较大的现象，创新制度与管理不完善（俞立平，2007）。另一方面，对于国有企业，国家作为委托人享有企业的收益权但是没有控制权，而代理人拥有企业的控制权但是没有获得收益的权利，这一矛盾阻碍了生产率的提升（孙晓华和王昀，2014）。国有企业的偏度呈现左偏态［见图 4-16（b）］，表明生产率高的企业分布集中而生产率低的企业分布较为分散。民营企业和外资企业的生产率分布形态较为接近，且民营企业生产率处在右边，表明民营企业生产率高于外资企业。究其原因，外资企业在我国大多投资于组装、加工制造等行业，主要是为了避免外国高昂的制造费用而将产品链的末端迁移到我国。民营企业委托—代理问题相对较小，对技术创新的激励更强，因而其生产率最高，这表明民营企业将是推动我国工业发展的重要动力。

(2) 分企业规模的生产率对比

规模大小与企业生产率之间存在密切联系。首先，按照边际报酬规律，当企业规模一定时，随着生产要素的增加，企业产出增加的幅度要大于生产要素投入，但是当生产要素增加到一定程度时，如果继续增加要素投入，则产出增加的幅度要小于生产要素投入。此时，各种要素的利用效率降低，导致生产率降低，只有在长期内，企业通过调整企业规模，才能进一步增加要素投入的利用率。

图 4-17 显示的是按规模分组的企业全要素生产率。图 4-17 中把工业企业按照主营业务收入分为五类，其中，第一类企业的主营业务收入小于 25000 万元，第二类企业大于等于 25000 万元小于 50000 万元，第三类企业大于等于 50000 万元小于 75000 万元，第四类企业大于等于 75000 万元小于 100000 万元，第五类企业大于等于 100000 万元。因为 2011 年后规模以上企业从 500 万元提升到 2000 万元，因此，分别绘出了 1999—2010 年和 2011—2013 年的五类企业生产率的柱状图，以便于清晰地比较。

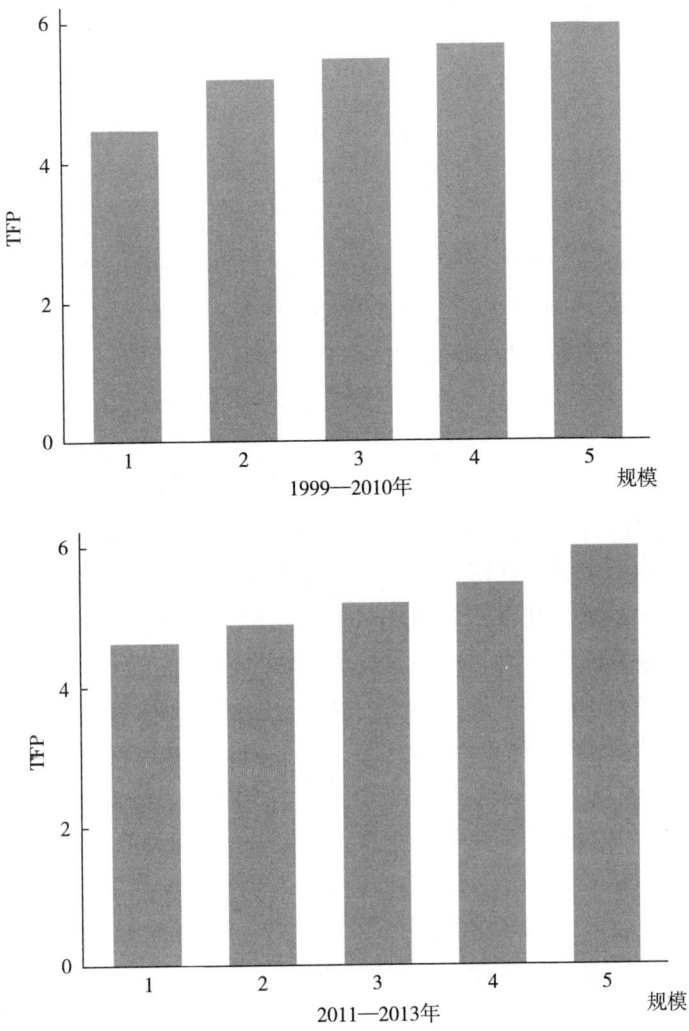

图4-17 按规模分组的企业全要素生产率

从图4-17可以看出,随着企业规模的上升,平均生产率随之提高,表明我国工业企业中存在规模效应。首先,对于规模较大的企业,其规模收益递增的阶段更长,要素投入具有较高的利用率,因而生产率较高。其次,如果企业处于规模经济阶段,那么扩大规模可以降低企业的生产、管理成本,进而提高生产率;但如果处于规模不经济阶段,那么规模扩大可能导致管理链过长,信息传递变慢,反而会降低生产率。最后,规模大的企业具有较高的收入,实力更强,因而更愿意进行研发与试验(R&D)投入,随着研发带来技术进步，企业产品线升级换代，生产率也随之提高。相反，规模较小的企业没有足够的资本进行创新投入，因而技术相对落后，甚至处在生产链的末端，生产率低下。

在 1999—2010 年，规模从第一类到第二类，生产率提升的幅度最大；而在第二个时间段内，规模从第四类到第五类，生产率提升的幅度最大。这主要是因为第一阶段第一类企业中包含了主营收入在 500 万~2000 万元的规模较小的企业，拉低了平均生产率；随着经济发展，2011 年以后，主营收入在 100000 万元以上的企业数量和规模都在增大，因而平均生产率提升的幅度更大。纵向比较来看，2011 年以后第一类和第五类企业生产率略高于 1999—2010 年的企业生产率，但其他几类则相差不大。

4.2.3.3 企业生产率整体的变动趋势

1999—2013 年，我国经济取得了飞速发展，然而，随着后发优势的减弱和人口红利的消失，我国经济逐渐从追求增速向提高质量转变。企业作为经济的基本单元，其生产率的高低可以从侧面反映出经济增长基础的质量。为了判断我国经济增长的质量是否在不断提高，需要研究企业生产率随着时间的变动趋势。另外，虽然前文从企业的所有权类型和企业规模角度对企业生产率的分布进行了对比分析，然而这些分析主要是基于 1999—2013 年的平均生产率，不能反映出企业生产率的变动情况。2005 年汇率改革增加了中小企业的汇率风险，企业的生产率是否因此降低？2008 年国际金融危机蔓延到中国，将引起企业生产率发生怎样的变化？这些都需要从时间角度研究生产率的变动情况。

（1）按简单平均计算的企业生产率时变特征

在前面的分析中，已经分别用最小二乘法（OLS）和 OP 方法估计出了企业生产率，为了研究生产率的变动情况，在这里分别对每年的企业生产率进行平均，计算出当年所有企业生产率的平均值，结果如图 4-18 所示。

由于工业企业数据库包含了所有规模以上的工业企业，其产值占到工业产值的 95% 以上，因此，可以代表我国工业的生产技术变动情况。从图 4-18 可以看出，整体上看，1999—2013 年，我国工业企业生产率呈上升的趋势，且两种估计方法计算的生产率走势一致，其中 OLS 方法计算的生产率曲线处于 OP 方法的上方，表明 OLS 方法计算的生产率偏大。2000—2007 年，生产率的走势十分平稳，这一时期，企业生产率的稳定增长对于我国

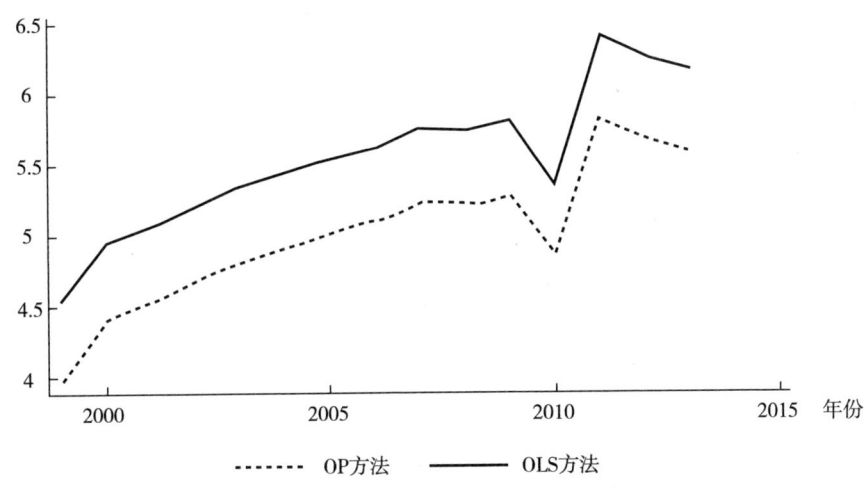

图 4-18 1999—2013 年企业生产率的变动

经济发展起到了关键作用。2003—2007 年，我国 GDP 增长率连续 5 年保持在 10% 以上，成为中国经济增长的黄金时期。2008 年，由于受到国际金融危机的影响，企业生产率出现了下降的趋势，但是下降的幅度并不大。面对经济危机，外向型企业受到的冲击更为直接，经济危机使外向型企业的出口需求降低，而在短期内，企业的劳动、资本投入不能立即得到调整，因而生产率会出现短期的下降；经济危机虽然不会直接对内向型企业造成影响，但却可以通过外向型企业传导到内向型企业，导致需求降低或者增加成本，进而生产率出现下滑，这也许是与汇率变化有某种联系。但是，2008 年工业企业的生产率降低并不意味着我国企业的技术水平下降，主要原因其实是生产资料配置没有处在最优水平，而长期来看，在企业调整好其资源配置水平后，生产率将逐步回升。图 4-18 中可以看到，2009 年生产率出现回升，并且超过了 2007 年的高点。与 2008 年工业企生产率出现下滑相对应的是 GDP 增长放缓，虽然 GDP 绝对量仍然保持上升趋势，但是增速自 2000 年以来首次低于 10%。

TFP 走势曲线波动最剧烈的年份是 2010 年和 2011 年。2010 年企业生产率大幅下降，而 2011 年又迅速上升，达到历史高点。一方面，2010 年的"4 万亿救市"投资虽然刺激了经济，但是却没有立刻提高生产率，另一方面，也可能是因为 2010 年企业样本有偏。最后，2012 年和 2013 年的企业生产率小幅下降。

(2) 按加权平均计算的企业生产率时变特征

企业规模是企业生产率异质性的重要内容。为此,本节对 OP 方法计算后的企业生产率按照企业销售产值进行加权平均,为了便于比较,同时给出 OP 方法简单平均的结果,结果如图 4-19 所示。

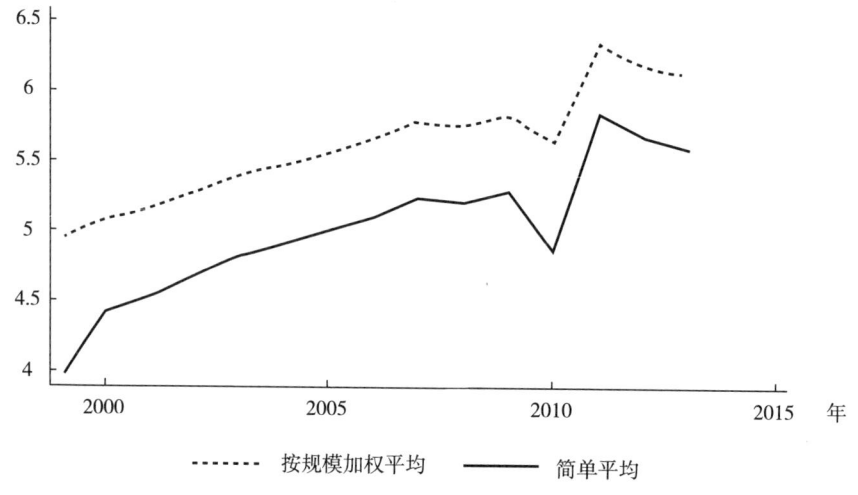

图 4-19 加权平均企业生产率走势

首先,从图 4-19 可以看出,按照销售产值加权平均计算的生产率曲线位于简单平均曲线的上方,且差距相对稳定,这验证了我国工业企业中普遍存在规模效应,换言之,规模较大的企业生产率较高,且这种效应长期存在。因此,对于工业企业中出现的产能过剩现象,可以通过企业并购、合并等手段来解决,不但可以缓解产能过剩,而且合并后的企业规模增大,能够产生规模经济效应,有利于提升企业长期竞争力。其次,按销售产值加权平均后,生产率曲线变得更加平滑,2010 年生产率的下降幅度变小,这更符合实际情况。

经过加权平均后,可以更清楚地观察 2008 年金融危机对我国企业生产率的影响。1999—2007 年生产率平均值上升,而 2008 年和 2009 年金融危机已经对生产率产生了负面影响,企业生产率停止增长,且金融危机对企业生产率造成持续的影响。由于生产率反映了企业的竞争力,生产率的停滞将对企业产生较大的负面影响,甚至导致倒闭,而企业生产状况与工人薪资和就业密切相关,将会造成严重的社会问题。因此,2010 年为了维持经济稳定,国家推行了"4 万亿"政策,期望通过增加投资来缓解金融危机的负面效果。投资可以推动 GDP 的增长，然而，过度投资可能导致企业资源利用率降低，反而导致生产率下降：一方面，如果投资只是简单投资，即物化在资本里的技术没有升级，那么只是单纯的产量扩大，生产率不会得到提高；另一方面，投资的回收年限一般较长，短期内很难转化为企业的生产技术。因此，"4 万亿"政策并没有遏制住企业生产率下降的趋势，金融危机对企业生产率的影响甚至持续到 2013 年。从图 4 – 10 可以看出，生产率曲线在 2011 年发生了突变，这主要是因为 2011 年规模以上企业的统计口径进行了调整，2011 年以后营业收入在 2000 万元以下的企业不再进行统计，因而平均规模上升，企业生产率也随之发生了突变。因此，2011 年生产率的增长并不能说我国企业生产率已经摆脱金融危机的影响，开始上升。相反，2011—2013 年，生产率继续小幅下降，说明金融危机带来的负面影响仍然存在。

4.3 本章小结

1994 年汇率制度改革以来，人民币汇率无论是名义有效汇率，还是实际有效汇率，都呈现稳中上升的趋势。目前，我们研究人民币汇率波动的趋势，发现随着汇率波动幅度限制的逐步放宽，人民币汇率波动的幅度逐渐增加。

我国工业企业正在不断发展壮大，企业总资产和出口贸易也在逐年增加，营业利润有上升的趋势。从规模以上工业企业出口交货值来看，外商企业的出口占据了工业企业总出口的七成多。从企业生产率看，OP 方法估计的企业生产率更加符合实际情况，民营企业和外资企业的生产率比较高。同时，企业的生产率受外部的冲击也比较大。

第五章　汇率波动对企业出口价格的影响：汇率传递效应分析

经历数次人民币汇率生成机制的改革，已形成由盯住单一美元转变到参考"一篮子"货币进行调节、有管理的浮动汇率制度，且人民币兑美元的名义汇率的波动呈现双向波动，波动幅度日趋增大，人民币汇率的频繁变动成为新常态。

汇率的变化直接导致以本币表示的价格相对于外币表示的价格发生变化，在这种情况下，国际市场中从事国际贸易的进出口企业就会对进出口价格作出反应而进行调整。因此，在汇率频繁波动和波动幅度扩大的新常态下，从事对外贸易的企业如何对出口价格进行调整，不仅会对企业经营业绩产生直接影响，而且会对企业的国际竞争力造成间接影响。也就是说，汇率波动通过价格传递效应，不仅会对企业的出口贸易和营业利润造成直接影响，还会对企业的价值和生产率造成间接影响。

准确捕获汇率变化能够多大程度上传导至进出口商品价格上，是学者和实业界普遍关注的话题。Berman等（2012）与Amiti等（2014）分别基于法国和比利时企业层面的数据，研究结果都发现汇率传递是不完全的。在国内，佟家栋等（2016）的研究表明，人民币汇率变化向出口价格的传递也呈现出不完全的特性，且汇率的不完全传递存在异质性。也就是说，具有不同属性的企业，在面临汇率的同一变化时，价格调整的幅度并不完全一致。

然而，用以表征企业异质性的方面众多，这些异质性对汇率传递的影响程度也许有大小之分。因此，本章将基于影响企业对外贸易的因素，从企业所有制类型和贸易方式两个层面对人民币汇率的传递效应的异质性进行分析。

5.1 汇率传递效应的理论假设

5.1.1 汇率不完全传递

汇率传递指的是汇率变化的部分能够多大程度上传导至进出口商品价格上。当汇率变化与以外币计价的出口商品价格变化完全一致时，汇率完全传递。在传统的汇率理论中，通常假定汇率完全传递。

但是，在国际市场现实的经济活动中，由于宏观和微观因素的影响，汇率变化向价格的传导并不完全同步。对于出口商而言，在国际商品市场上要面临同类产品生产者的竞争，同时，进口国的市场份额以及需求弹性均会对企业的出口行为产生影响。当汇率发生变动时，出口商为了保持出口竞争优势，维持既定的市场份额，出口商就会通过对本币表示的出口价格进行调整，以吸收汇率变动的部分影响，从而减少汇率变动对企业出口行为的影响。

根据以上分析和判断，本章提出假设 H_1。

假设 H_1：汇率变化向出口价格的传递是不完全的。

5.1.2 所有制异质性与汇率传递

在我国，按照所有制的不同，企业可划分为：国有企业、集体企业、私营企业、中外合作企业、中外合资企业、外商独资企业。

外商独资企业一般为跨国企业，它们在全球范围协调生产销售的能力较强，从而能够根据汇率的变化对价格进行较有力的调整。中外合资合作企业成立的初衷在于充分利用外商的资金和技术，加上国内生产要素的有力参与，这类企业在国际市场上通常具有一定的竞争优势，因而，能够对价格的变化做出对应的调整，也就是说，这类企业也具有一定的依市定价能力，但比外商独资企业的依市定价能力相对较弱。然后，国有企业一般资金雄厚，在国内具有一定的竞争优势，能够对技术进行有效改造和升级，为海外经营提供了一定的优势，但国有企业由于自身的限制，生产经营的灵活性要弱于其他类型的企业，使得国有企业出口产品价格对于汇率变化的敏感性较弱。最后，私营企业虽然灵活性较强，但中国的私营企业往往规模较小,资金和技术实力相对较弱,从而面对汇率冲击时,对价格的调整能力较弱。换句话说,企业所有制的差异可能影响企业出口的汇率传递。

因此,根据上述分析,本章提出假设 H_2。

假设 H_2:出口汇率传递存在所有制异质性。按照出口汇率传递率从大到小的排列依次为私营企业、国有企业、中外合资合作企业、外商独资企业。

5.1.3 贸易方式与出口汇率传递

按照出口贸易方式的不同,我国的出口贸易主要可分为一般贸易和出口加工贸易。

出口加工贸易包括进料加工、来料加工、装配业务和协作生产。加工贸易一般呈现两头在外,也就是来料加工再出口,通过进口原料、材料或零件,利用本国的生产能力和技术,加工成成品后再出口于全球市场,从而获得以外汇体现的附加价值。参与加工贸易的多为标准化产品,市场上的替代品较多,这类产品在国际市场上面临较强的竞争压力。因为汇率变化在影响出口价格的同时也会对进口价格产生影响,两者相互抵销,所以,汇率变化对进行加工贸易企业的总影响较小。并且,从事加工贸易的企业,为了保持出口目的地市场份额的相对稳定,通常会保持以出口目的地货币计价的出口产品价格要相对稳定,所以,从事加工贸易的企业的出口汇率传递率往往较低。对于从事一般贸易的企业,由于企业生产的原材料大多来源于国内,因此,汇率的变化不会对企业产品的生产成本产生太大影响,但汇率变化会直接影响到企业出口产品的收益。当面临汇率的不利变化时,企业为了保持出口收益的相对稳定,需要以本币计价的出口价格保持相对平稳,这时,企业就需要对以外币表示的出口价格进行相应的调整。因此,从事一般贸易的企业存在较高的汇率传递率。

综合上述分析,本章提出假设 H_3。

假设 H_3:出口汇率传递存在贸易方式异质性。相对从事一般贸易的企业,加工贸易企业的出口汇率传递率较低。

5.2 汇率传递效应的模型构建

5.2.1 基准计量模型构建

为了分析是否存在汇率传递效应和传递效应的异质性，需要构建基准模型，然后在基准模型的基础上展开分析。

根据 5.1 节的理论分析和假设，建立式（5-1）所示的基准计量模型：

$$\Delta \ln(P_{fpct}) = \alpha_0 + \alpha_1 \Delta \ln(RER_{ct}) + \beta' Z_{ct} + \mu_{fpc} + \lambda_t + \varepsilon_{fpct} \quad (5-1)$$

其中，被解释变量 $\Delta \ln(P_{fpct})$ 为以本币表示的出口价格对数的一阶差分，可以看作是价格的变化率，f 表示企业，p 表示产品，c 代表出口目的地，t 为年度，P_{fpct} 就是第 t 年 f 企业的产品 p 出口于 c 目的地的价格。解释变量中的核心解释变量为 $\Delta \ln(RER_{ct})$，其中，RER_{ct} 是以人民币表示的出口目的地货币的实际汇率，该值增加表示人民币相对于出口目的地货币贬值，而 $\Delta \ln(RER_{ct})$ 表示汇率对数的一阶差分，表示汇率的变化率。根据 5.1 节的假设 H_1，可以预期 α_1 的符号为正，也就是说，汇率升值，RER_c 减小，将会降低以本币表示的出口商品价格。出口商品价格除了受汇率变化的影响外，还可能受到国外宏观经济因素变动的冲击。根据理论分析可知，汇率传递依赖于出口目的地的需求弹性，而需求弹性无法直接测度，因此，本部分选取出口目的地的国内生产总值以及人均国内生产总值进行替代测度，用 Z_{ct} 表示。其中，国内生产总值以控制规模效应，而人均国内生产总值以控制收入效应。

为了控制来自企业—产品—目的地层面的冲击异质性，在进行实证分析时，对企业—产品—目的地层面的效应进行控制，μ_{fpc} 为企业—产品—目的地层面的固定效应。这一做法同样可以消除对不同国家价格指数可比性的顾虑。同时，为了控制宏观环境对出口价格的冲击，引入时间虚拟变量，λ_t 为时间虚拟变量。

5.2.2 基于异质性的计量模型扩展

通过模型（5-1），可以从企业—产品—目的地层面对汇率传递效应进行研究，但模型（5-1）没有考虑到企业之间的差异性，无法对汇率传递的异质性进行分析和比较。企业所有制的不同、规模的差异、生产率的异质性、行业属性的不同等均可能影响汇率的传递。为了充分考虑企业异质性在汇率传递效应中可能存在差异，需要对模型（5-1）进行适当扩展，把企业的异质性纳入计量模型之中。

正如前面的理论分析和相关假设，本章是从企业所有制类型和企业的出口贸易方式两个层面，对汇率传递的企业异质性展开研究。因此，基于研究目的，在模型（5-1）的基础上加入了企业的所有制和出口贸易方式的异质性，把模型扩展为（5-2）和（5-3）所示的模型：

$$\Delta \ln(P_{fpct}) = \alpha_0 + \alpha_1 \Delta \ln(RER_{ct}) + \alpha_2 \Delta \ln(RER_{ct}) OWN_f + \beta' Z_{ct}$$
$$+ \mu_{fpc} + \lambda_t + \varepsilon_{fpct} \qquad (5-2)$$

$$\Delta \ln(P_{fpct}) = \alpha_0 + \alpha_1 \Delta \ln(RER_{ct}) + \alpha_2 \Delta \ln(RER_{ct}) TRADE_f + \beta' Z_{ct}$$
$$+ \mu_{fpc} + \lambda_t + \varepsilon_{fpct} \qquad (5-3)$$

其中，f 表示企业，p 表示产品，c 代表出口目的地，t 为年度，$\Delta \ln(P_{fpct})$ 为以本币表示的出口价格对数的一阶差分，$\Delta \ln(RER_{ct})$ 为汇率对数的一阶差分，Z_{ct} 为出口目的地宏观经济因素的冲击，μ_{fpc} 为企业—产品—目的地层面的固定效应，λ_t 为时间虚拟变量。OWN_f 为企业所有制性质，为虚拟变量，当企业属于所研究的所有制类别时，$OWN_f = 1$，否则，$OWN_f = 0$；同理，$TRADE_f$ 为企业的出口贸易方式，为虚拟变量，当企业属于所研究的出口贸易方式时，$TRADE_f = 1$，否则，$TRADE_f = 0$。之所以在模型（5-2）中加入企业所有制与汇率对数差分的交互项，是因为通过观察 α_2 是否为零来判断与比较的基准企业是否存在汇率传递效果的差异。同理，为了比较不同出口贸易方式下的汇率传递效果，在模型（5-3）中加入出口贸易方式属性和汇率对数差分的交互项。

当企业所有制相同时，企业可能处于不同的行业内；而当企业位于同一行业内时，企业可能具有不同的所有制属性。因此，本章还将对处于同一所有制中的不同行业属性的汇率传递加以分析，同时，也将对位于同一行业的不同所有制的汇率传递进行研究。

5.2.3 指标选取与数据来源

5.2.3.1 指标选取

（1）商品出口价格 P

出口商品价格对数变动指标 $\Delta \ln(P)$，是本章的被解释变量。在对外贸易中，出口商品价格的常用计价方式有离岸价格（FOB）、成本加运费（C&F）和成本加运费以及保险费（CIF）。在 FOB 计价方式中，卖方要承担商品装船之前的所有费用，这些费用均以人民币表示，包含在以出口国货币计价的商品价格中。在本章的研究，以 FOB 计价的商品价格表示以人民币计价的出口商品价格，此计价方式的出口商品价格对汇率变化的反应，表示出口商品价格的汇率弹性，则 1 减去该弹性即为汇率传递率。同时，在我国的商品出口中，出口商的报关单中以 FOB 计价商品的出口额。因此，本章选取以 FOB 计价的商品出口额，商品出口额除以出口量即为商品出口价格 P，对该价格取对数，然后进行一阶差分，即可得到出口商品价格对数变动指标 $\Delta\ln(P)$。

(2) 汇率 RER

汇率变化 $\Delta\ln(RER)$，是本章的主要解释变量。通常以美元的人民币价格表示人民币汇率，按是否剔除通货膨胀，可分为人民币兑美元名义汇率和人民币兑美元实际汇率。在本章的研究中，由于从企业—产品—目的地的维度研究汇率变化对出口价格的影响，因此，把人民币与出口目的地的货币之间的兑换比例作为本章的人民币名义汇率指标，消除中国和出口目的地的通货膨胀影响后可获得人民币实际汇率指标。采用间接法表示人民币对出口目的地货币的名义汇率，即一单位外币能够兑换的人民币数量，也就是以人民币表示的外币价格。取实际汇率的一阶差分作为汇率变化指标 $\Delta\ln(RER)$ 的替代变量。

(3) 企业所有制性质 OWN

企业所有制性质 OWN，是虚拟变量，用以反映所有制差异在汇率传递中的作用。按照通常的划分标准，把企业分为国有企业、私营企业和外资企业。当企业属于所研究的所有制类别时，OWN 取值为 1，否则为 0。

(4) 贸易方式 TRADE

贸易方式 TRADE 为虚拟变量，用以反映贸易方式不同对人民币汇率传递的影响。为了对加工贸易加以区分，把贸易方式划分为一般贸易和加工贸易。当企业属于所研究的出口贸易方式时，TRADE 取值为 1，否则为 0。

(5) 企业地理位置 REG

企业地理位置 REG 为虚拟变量，主要用于反映我国东部和中西部地区企业汇率传递的差异。鉴于东部地区贡献了我国出口额的绝大部分，本章把东部地区作为参照组，把中西部地区作为研究组，同时，由于我国中西部地区的出口企业在出口行为上具有相似性，因此，把中西部同等对待。当企业位于我国中西部时，REG 为 1，否则为 0。

（6）出口目的地市场容量 Δln（GDP）

出口目的地的市场容量 Δln（GDP），为本章的控制变量。用出口目的地国内生产总值的对数差分表示。

（7）出口目的地消费水平 Δln（GDPPER）

出口目的地消费水平 Δln（GDPPER），为本章的控制变量。用出口目的地人均国内生产总值的对数差分表示。

5.2.3.2 数据来源

本章所使用的数据为中国海关 2000—2013 年出口数据。由于，不涉及企业财务数据，因此，不需要对中国海关数据和中国工业数据进行匹配。中国海关出口企业的数据来源于海关总署，包括了按月汇总的中国境内所有出口企业数据。数据指标丰富，内容全面。为了尽量剔除企业贸易额和贸易量以及汇率的季度波动性，本部分按年份来估计人民币汇率传递率。根据本部分研究的需要，删除一些信息不完整的企业数据，所获得的出口企业样本总共包含 36565042 个观测值。

贸易中间商可能存在价格调整行为，则出口产品价格和数量信息并不能真实反映生产企业的定价能力，因此对贸易中间商和产品生产出口商分别进行分析，即对企业名称中带有"贸易""经贸""商贸""外贸"和"进出口"字样的企业进行单独分析（Amiti 等，2012；Yu，2013；Li，2015）。

本章所分析的数据是基于企业—产品—目的地层面，即研究对象为单一企业向一个目的地出口一种产品，因此，在实证分析中采用的汇率为出口目的国的货币相对于人民币的实际汇率。该实际汇率由三部分计算而来：一是目的国货币相对于人民币的名义汇率，该名义汇率根据目的国货币兑美元汇率以及美元兑人民币汇率计算而来；二是目的国价格水平，选取目的国的消费者价格指数；三是中国的价格水平，采用中国的消费者价格指数。其中，目的国货币相对于美元的汇率以及目的国消费者价格指数数据来源于 IFS（International Financial Statistics[①]），而对于 IFS 没有发布的汇率

[①] 国际金融统计，www.ifs.org.uk.

数据则假定企业出口商品的计价货币为美元,采用美元兑人民币汇率;中国消费者价格指数来源于中国国家统计局,并调整为以 2010 年为基期的价格指数。

鉴于出口目的地汇率数据的可获得性,本章选取 2000—2013 年汇率和价格指数数据均存在的国家,对于欧元区的国家,本章选取欧元兑美元汇率作为其汇率指标。基于此,本章共选取 161 个国家或地区作为出口目的地。

同时,本章实证分析考虑到国外需求对出口商汇率传递的影响,在对国外需求进行度量时,本部分所采用的替代指标为目的国或地区国内生产总值以及人均国内生产总值,该数据同样来自 IFS。

由于海关数据的出口额以美元表示,因而,本章通过历年的人民币兑美元汇率把出口额换算为以人民币表示,人民币兑美元汇率数据来源于中国国家统计局。

5.3.3.3 描述性统计

由于本章研究的重点为汇率变化所引起的出口商品价格的变化,即商品价格对汇率的弹性,因此,需要对商品价格进行一阶差分,所以本章研究所用数据须为在样本期间(2000—2013 年)内企业向一个目的地出口一种商品至少连续两年的数据。本书将所有出口企业按照企业层面企业—产品层面、企业—产品—目的地层划分,对企业数量、企业出口目的地数量、企业产品出口数量、年度出口额、出口量年增长率、出口价格年增长率进行了具体分析,描述性统计如表 5 – 1 所示。

表 5 – 1　　　　　　描述性统计(2000—2013 年)

样本	观测值	均值	中位数	标准差
企业层面				
企业数量(家)	360098			
企业出口目的地数量(个)	1864699	6.1740	3	9.1088
企业出口产品种类	1864699	8.3268	3	27.9679
年度出口额(美元)	1864699	6941485	697493	1.13e+08
年度出口量	1864699	57055760	184561	1.40e+08
年度出口价格	1864699	7975.67	3.5080	5.26e+06

续表

样本	观测值	均值	中位数	标准差
企业层面				
出口额年度增长率（%）	1485496	0.1415	0.1284	4.4083
出口量年度增长率（%）	1485496	0.0827	0.0426	5.3952
出口价格年度增长率（%）	1485496	0.0723	0.0509	2.3546
企业—产品层面				
企业—产品对（个）	4506182			
出口目的地数量（个）	15526912	2.3817	1	3.2528
年度出口额（美元）	15526912	833635	28725	2.82e+07
年度出口量	15526912	685231	7395	3.92e+07
年度出口价格	15526912	3746.119	3.6779	3.87e+06
出口额年度增长率（%）	10771151	0.0877	0.0679	1.1566
出口量年度增长率（%）	10771151	0.0418	0.0356	1.8682
出口价格增长率（%）	10771151	0.0417	0.0346	1.1331
企业—产品—目的地层面				
企业—产品—目的地对（个）	11364445			
年度出口额（美元）	36565042	353993	19814	1.09e+07
年度出口量	36565042	290975	4500	1.92e+07
年度出口价格	36565042	2513.28	2.4915	1.56e+07
出口额年度增长率	18217164	0.0723	0.0522	0.9923
出口量年度增长率（%）	18217164	0.0492	0.0433	0.8828
出口价格年度增长率（%）	18217164	0.0399	0.0302	0.5812

（1）企业层面的描述统计分析

根据表5-1可知，在样本期间（2000—2013年）内，满足至少连续两年时间向一个目的地出口同一产品条件的企业总共有360098家。从企业层面来说，对于出口目的地，平均而言，每一企业的产品出口到6.174个国家或地区，而每一企业出口目的地的中位数为3；对于出口产品类别，平均而言，每一企业出口8.3268种产品，而每一企业出口产品种类的中位数为3；对于企业年度出口额，平均每一企业出口额为833635美元，而这一出口额的中位数为28725美元。可以看出，对于企业出口目的地数量、企业出口产品种类以及企业出口额而言，中位数均显著小于平均数，存在这一显著差异的主要原因是存在贸易中间商。对于企业出口价格增长率,平均而言,企业出口价格的增长率为 0.0723,而这一数值的中位数为 0.0509。

(2) 企业—产品层面的描述统计分析

根据表 5-1 可知,从企业—产品层面来看,在所研究的样本期间内,总共存在 4506182 个企业—产品对,也就是说,存在 4506182 个企业—产品对满足至少连续两年向同一目的地出口的要求。对于出口目的地而言,平均每个企业—产品对出口到 2.3817 个国家或地区,而这一出口目的地的中位数为 1。从年度出口额来看,平均每个企业的出口额为 833635 美元,而这一出口额的中位数为 28725 美元,两者之间差异显著,存在这一差异的主要原因仍然是较大贸易中间商的存在。对于企业—产品对出口价格增长率,平均而言,企业出口价格的增长率为 0.0417,而这一增长率数值的中位数为 0.0346。

(3) 企业—产品—目的地层面的描述统计分析

根据表 5-1 可知,从企业—产品—目的地层面而言,总共存在 11364445 个企业—产品—目的地对,也就是说,具有 11364445 个企业—产品—目的地对满足至少存在连续两年的要求。从年度出口额来看,平均每一企业—产品—目的地对的出口额为 353993 美元,而这一出口额数值序列的中位数为 19814,两者之间差异显著;从出口价格年度增长率来看,平均每一企业—产品—目的地对的出口价格增长率为 0.0399,而这一增长率序列的中位数为 0.0302,两者存在显著差异。

5.3 汇率传递效应的实证分析

出口商在面对汇率冲击时,可能需要对以本币计价的产品出口价格进行调整,以对汇率变化进行部分吸收,此时,以外币计价的产品出口价格的变化比例与汇率变化将不一致。例如,当人民币升值时,出口商可能会降低以人民币计价的产品出口离岸价格(FOB),此时,出口商将承担部分汇率变化所带来的价格变化,而以外币计价的产品出口价格的增加幅度将小于汇率变化的幅度。在这种情况下,汇率传递将是不完全的。根据汇率传递和依市定价的关系,汇率传递的不完全性代表了企业出口产品具有一定的依市定价能力。

为了分析和检验汇率变动对出口产品的价格影响,本章使用样本数据对汇率传递进行实证分析,考察企业的依市定价能力。

5.3.1 汇率传递效应的基准模型估计与分析

(1) 基准模型估计结果

进行汇率传递效应基准模型估计与分析时,需要使用各出口企业目的地的国内生产总值和人均国内生产总值,以及中国与各目的地的双边汇率,也就是以人民币表示的目的国或地区的汇率。通过对海关数据的匹配,形成面板数据,运用面板数据模型估计方法,对模型(5-1)进行估计,得到如表5-2所示的汇率传递效应的基准模型估计结果。

表5-2　　　　　人民币汇率传递的基准估计结果

变量	(1)	(2)	(3)	(4)
$\Delta\ln(RER_{ct})$	0.0828***	0.0869**	0.0933***	0.0994***
	(0.0215)	(0.0423)	(0.0218)	(0.0305)
$\Delta\ln(GDP_{ct})$		0.1517**	0.1639***	0.2126**
		(0.0827)	(0.0458)	(0.1112)
$\Delta\ln(GDPPER_{ct})$			0.1992***	0.1855***
			(0.0616)	(0.0428)
C	0.0317***	0.0355***	0.0288***	0.0363***
	(0.0101)	(0.0076)	(0.0092)	(0.0113)
年度效应	否	否	否	是
企业—产品—目的地效应	否	否	否	是
样本观测数	18217164	18217164	18217164	18217164

注:括号内的值为稳健标准误。***、**、*分别表示在1%、5%、10%的显著性水平上显著。

(2) 汇率传递效应分析

表5-2给出了汇率传递的基准估计,从结果来看,汇率变化向出口价格的传递是不完全的,即汇率变化时,以外币表示的出口价格不会发生同幅度变动,同时,出口目的地的市场容量和消费水平对出口价格变化也具有显著影响。

表5-2的第(1)列仅给出了汇率变化商品出口价格影响的估计,汇

率变化 $\Delta\ln(RER_{ct})$ 的估计系数在1%的水平上显著为正,其值为0.0828,这表明,汇率每变化10%时,以本币表示的出口价格将变动0.828%,以外币表示的出口价格将变动9.172%。

表5-2的第(2)列在第(1)列的基础上加入了出口目的地的收入水平,根据估计结果可知,汇率变化对出口价格的影响依然显著。从具体的估计系数来看,汇率变化的6.32%将由出口商承担,而其变化的93.68%将由出口目的地的进口商承担,即汇率传递率为93.68%。这与第(1)列的估计结果较为接近。

表5-2的第(3)列在第(2)列的基础上,进一步控制了出口目的地的人均收入水平,估计结果显示,汇率变化与以出口目的地货币表示的出口价格变动并不完全一致。具体来看,出口价格的汇率弹性系数为0.0687,这表明,当人民币相对于出口目的地货币升值10%时,以本币计价的出口价格将下降0.687%,而以外币计价的出口商品价格将上升9.313%,汇率传递率为93.13%。这与第(1)列和第(2)列的估计结果基本一致。

在第(3)列的基础上,表5-2的第(4)列进一步控制了时间效应与企业—产品—目的地层面的差异,实证结果表明,汇率变化向出口价格的传递依然是不完全的。根据具体的估计系数可知,以本币计价的出口价格的汇率弹性为0.0676,这表明汇率变化的93.24%将由进口商承担,即汇率传递率为93.24%。这一传递率与前3列的相近。

综上所述,汇率变化向以外币计价的出口商品价格的传导程度较高,但并不完全。这与Berman等(2012)所研究的法国企业出口的汇率传递程度相近,但显著不同于Campa和Goldberg(2005)以及Gopinath和Rigobon(2008)的研究结论。Campa和Goldberg(2005)针对汇率变化与进口价格或消费者价格的关系展开分析,结果显示汇率变化向进口价格或消费者价格的传递程度较低,而Gopinath和Rigobon(2008)针对汇率变化与美国的进口价格之间的关系展开研究,结论显示汇率变化的大部分并没有传递到美国的进口价格上,这两个研究的结论都认为汇率传递程度较低。

5.3.2 汇率传递效应的稳健性检验

(1)人民币汇率内生性问题

考虑到人民币实际汇率变量可能是内生的,不满足经典线性回归中严格外生性的要求，从而导致估计偏差。为解决这种内生性问题，通常的改进方法是寻找一个与人民币汇率紧密相关但独立于或者弱相关于出口贸易的变量作为工具变量进行两阶段最小二乘法估计。为此，本章使用人民币实际汇率指标的滞后一期值作为工具变量。

结合全样本数据，基于工具变量的 Heckman 两步法的估计结果如表 5-3 的第（1）列和第（2）列所示。从估计结果可以看出，人民币实际汇率的估计系数为正，并且在 1% 的显著水平下是显著的，这说明人民币汇率变化对出口价格具有显著的正向影响，当人民币相对出口目的地货币升值时，以本币表示的出口价格将显著下降。这与前文的基准分析基本一致。这表明，在进一步考虑人民币实际有效汇率的内生性问题之后，本章汇率变化向以外币计价的出口商品价格的传导程度并不完全的结论依然稳健。

（2）Tobit 估计方法

接下来，进一步采用 Tobit 模型直接考察人民币汇率对企业出口价格的影响，估计结果如表 5-3 的第（3）列所示。从估计结果可以看到，人民币实际汇率的估计系数依然为正，并且在 1% 的显著性水平下显著，说明人民币实际汇率升值显著降低了企业的出口价格。此外，各个控制变量的系数符号和显著性水平没有发生实质性变化，这在一定程度上再次证实了汇率对企业出口价格的不完全性影响的结论是稳健的。

表 5-3　　　　　　　稳健性检验结果

变量	IV	2SLS	Tobit	无美国出口贸易样本
	（1）	（2）	（3）	（4）
$\Delta \ln(RER)$	0.0602*** (0.0205)	0.0573*** (0.0181)	0.0959*** (0.0412)	0.0729*** (0.0245)
$\Delta \ln(GDP_{ct})$	0.1257*** (0.0512)	0.1179** (0.0609)	0.2184*** (0.0906)	0.1533*** (0.0387)
$\Delta \ln(GDPPER_{ct})$	0.2438*** (0.1067)	0.3044*** (0.1386)	0.2916*** (0.1351)	0.2332*** (0.0588)
C	0.0114*** (0.0042)	0.0313*** (0.0125)	0.0215*** (0.0098)	0.0326*** (0.0046)

续表

变量	IV	2SLS	Tobit	无美国出口贸易样本
	(1)	(2)	(3)	(4)
wald 检验	10.07**			
K–P rk LM		459.0978***		
A–R wald		7.88**		
S–W LMS		7.22**		
(Pserdo) R^2			0.1322	
对数似然值			−1324912	
年度效应	是	是	是	是
企业—产品—目的地效应	是	是	是	是
样本观测数	6923903	6923903	6923903	4991546

注：括号内的值为稳健标准误。***、**、*分别表示在1%、5%、10%的显著性水平上显著。K–P 为 Kleibergen–Paap，A–R 为 Anderson–Rubin，S–W 为 Stock–Wright。

(3) 不包含美国交易的样本

考虑到本章所使用的样本期间为2000—2006年，而2005年7月人民币汇率制度改革后，人民币相对美元汇率才呈现一定幅度的波动。在2000—2005年这段汇率制度未改革期间，人民币兑美元的名义汇率基本保持稳定，变动幅度极小，人民币兑美元的实际汇率变化主要是由两国的价格水平引起的。为了对这一现象造成的偏误加以剔除，接下来对不包含美国交易的数据加以分析，具体的估计结果由表5–3的第（4）列所示。根据估计结果可知，在剔除了对美国的出口贸易数据之后，出口价格的汇率弹性依然显著为正，这在一定程度上又进一步证实了汇率变化向以外币计价的出口商品价格的传导程度并不完全的结论的稳健性。

综合估计结果和稳健性检验，本书验证了假设 H_1 是成立的，也就说，汇率变化向出口价格的传递是不完全的。

5.4 企业异质性对汇率传递的影响分析

5.4.1 企业所有制下的汇率传递效应

不同所有制的企业，由于在出口目的、经营灵活性等方面存在差异，使得企业在面临汇率同等幅度的变化时，其价格调整行为可能存在不同。为了区分不同所有制对企业汇率传递的异质性，本书对模型（5-2）进行了细化，并进行了估计和分析。

（1）基于企业所有制的汇率传递效应估计结果

在估计因企业所有制不同而有可能存在汇率传递效应差异时，在模型（5-1）和模型（5-2）的基础上，引入了代表企业所有制的虚拟变量，分别是国有企业（state-own）、私营企业（private-own）、外商独资企业（foreign-own）和中外合作合资企业（cooper-own）。如果是国有企业，则state-own取值为1，否则为0；如果是私营企业，则private-own取值为1，否则为0；如果是外商独资企业，foreign-own取值为1，否则为0；如果是中外合作合资企业，则cooper-own取值为1，否则为0。同时，在模型中加入这四个虚拟变量和汇率对数变化的交互项，即state-own×$\Delta\ln(RER_{ct})$、private-own×$\Delta\ln(RER_{ct})$、cooper-own×$\Delta\ln(RER_{ct})$和foreign-own×$\Delta\ln(RER_{ct})$，按照全样本、出口单一产品的企业样本、出口多种产品的企业样本和生产型企业样本，估计了对企业所有制对汇率传递效应，估计结果如表5-4所示。

根据表5-4的出口价格弹性的估计结果，在表5-5中列出了不同所有制企业的汇率传递率。

表5-4　　　　　人民币汇率传递的所有制异质性估计结果

变量	（1）	（2）	（3）	（4）
	全样本	单一产品	多产品企业	生产企业
$\Delta\ln(RER_{ct})$	0.0960***	0.0563***	0.0803***	0.1421***
	(0.0329)	(0.0212)	(0.0351)	(0.0428)

续表

变量	(1) 全样本	(2) 单一产品	(3) 多产品企业	(4) 生产企业
$state-own$	-0.0007 (0.0214)	-0.0011 (0.0023)	-0.0009 (0.0011)	-0.0043 (0.0038)
$state-own \times \Delta\ln(RER_{ct})$	0.0503*** (0.0302)	0.0302*** (0.0091)	0.0396*** (0.0109)	0.0278*** (0.0429)
$private-own$	0.0128 (0.0215)	0.0142*** (0.0065)	0.0133 (0.0202)	0.0243 (0.155)
$private-own \times \Delta\ln(RER_{ct})$	0.0634** (0.0292)	0.0351*** (0.0101)	0.0409*** (0.0127)	0.0381*** (0.0161)
$cooper-own$	0.0110 (0.0218)	0.0177 (0.0301)	0.0205 (0.0192)	0.0315 (0.0401)
$cooper-own \times \Delta\ln(RER_{ct})$	0.0755*** (0.0227)	0.0400*** (0.0199)	0.0488*** (0.0211)	0.0574*** (0.0240)
$foreign-own$	0.0271 (0.0266)	0.0197 (0.0232)	0.0208 (0.0299)	0.0355 (0.0294)
$foreign-own \times \Delta\ln(RER_{ct})$	0.1181*** (0.0434)	0.0499*** (0.0221)	0.0505** (0.0261)	0.0607* (0.0328)
$\Delta\ln(GDP_{ct})$	0.3035*** (0.0412)	-0.2206*** (0.0768)	0.2019*** (0.0491)	-0.1207** (0.0608)
$\Delta\ln(GDPPER_{ct})$	0.0646*** (0.0413)	0.4721*** (0.0920)	0.3801*** (0.1615)	0.4215*** (0.0886)
C	0.0478*** (0.0218)	0.0220*** (0.0089)	0.0421*** (0.0190)	0.0648*** (0.0006)
年度效应	是	是	是	是
企业—产品—目的地效应	是	是	是	是
样本观测数	6896938	577159	1963772	3726747

注：括号内的值为稳健标准误。***、**、*分别表示在1%、5%、10%的显著性水平上显著。

表 5-5　　　　　不同所有制企业的人民币汇率传递率

企业所有制类型	全样本	单一产品	多产品企业	生产企业
国有企业	0.8537	0.9135	0.8801	0.8301
私营企业	0.8406	0.9086	0.8788	0.8198
中外合作合资企业	0.8285	0.9037	0.8709	0.8005
外商独资企业	0.7859	0.8938	0.8692	0.7972

注：汇率传递率等于 1 减去汇率的出口价格弹性。

(2) 企业所有制下的汇率传递的异质性分析

对于全样本而言，根据表 5-4 的第 (1) 列估计结果可知，不同所有制的企业，其汇率传递呈现异质性。总体而言，汇率传递程度较高，但存在不完全性，这与假设 H_1 相一致。具体而言，基准类企业的出口价格的汇率弹性系数最小，为 0.0960，相应地汇率传递率最高，为 0.904 (1 - 0.0960)，国有企业的汇率传递率紧随其后，出口价格的汇率弹性为 0.1463 (0.0960 + 0.0503)，汇率传递率为 0.8537。私营企业的出口价格的汇率弹性为 0.1594 (0.0960 + 0.0634)，汇率传递率为 0.8406。汇率传递率低于国有企业。中外合作合资企业的出口价格的汇率弹性为 0.1715 (0.0960 + 0.0755)，汇率传递率为 0.8285，低于私营企业。最后，外商独资企业的出口价格的汇率弹性为 0.2141 (0.0960 + 0.1181)，汇率传递率为 0.7859，处于最低水平。

同时，为了对总体结果的稳健性进行检验，依然采用单一产品样本进行回归分析。根据表 5-4 的第 (2) 列和表 5-5 可知，对于单一产品企业，即同一年同一企业向同一目的地仅出口一种产品，从表 5-5 可以看出，从企业所有制类型看，基准类企业的汇率传递率最高，为 0.9437，汇率传递率由大到小依次为国有企业、私营企业、中外合作合资企业和外商独资企业，分别为 0.9135、0.9086、0.9037 和 0.8938，表明不同所有制的企业间仍然存在汇率传递的异质性。其传递程度的排序与全样本情况下基本一致，结果是稳健的。

实际上，出口单一产品的企业相对较少。根据中国海关的出口数据可知，企业向同一目的地出口两种及以上产品的情况比较常见。在企业向同一目的地出口两种及以上产品的情况下，企业需要对产品间的价格进行协调，以实现出口整体利润的最大化。而在企业只出口一种产品的情况下，

第五章 汇率波动对企业出口价格的影响：汇率传递效应分析

不需要考虑产品间的价格协调，只需根据利润最大化原则确定最优定价。定价理论机制的差异可能导致出口产品价格调整行为的差异，从而使得汇率传递存在异质性。为了对这一潜在的异质性进行分析，除了单一产品企业之外，对向同一目的地出口多产品的企业出口行为进行分析，结果见表 5-4 第（3）列。根据表 5-4 第（3）列的估计结果和表 5-5 可知，多产品出口企业的价格汇率弹性高于单一产品的，相应地，多产品出口企业的汇率传递率低于单一产品出口企业的，同时，企业所有制差异的存在影响了汇率传递程度，汇率传递率由高到低依次为基准类企业、国有企业、私营企业、中外合资合作企业和外商独资企业，分别为 0.9197、0.8801、0.8788、0.8709 和 0.8692。

实体经济的发展是国家经济发展的基石，生产企业是实体经济的重要组成部分，生产企业的出口是国家经济增长的重要推动力，而汇率变化对生产企业出口行为的影响将直接关系到企业利润的增减，并显著影响一国的经济增长。因此，对生产企业的汇率传递进行研究就显得特别重要。为了对生产企业汇率传递可能存在的不同进行分析，从海关数据中去除外贸企业，结合式（5-1）的扩展模型，实证分析的估计结果见于表 5-4 第（4）列。

根据表 5-4 第（4）列和表 5-5 的结果，总体而言，生产企业的价格汇率弹性更高，汇率传递更低，即生产企业的依市定价能力更高。分所有制来类型看，对于基准类企业而言，价格的汇率弹性为 0.1421，且在 1% 的显著性水平上显著。这表明，基准类企业在面对人民币升值 10% 时，将降低出口价格 1.421%，即汇率变化的 8.579% 将传递到以外币表示的出口价格上。相对基准类企业，国有企业的价格汇率弹性将平均增加 0.0278，即国有企业的平均价格汇率弹性为 0.1699（0.1421+0.0278）。这意味着，当人民币升值 10% 时，国有企业的出口价格将平均下降 1.699%，其余 8.301% 的汇率变化将传递到以外币计价的出口产品价格上。相对基准类企业，私营企业的价格汇率弹性将平均增加 0.0381，即私营企业的平均价格汇率弹性为 0.1802。这意味着，当人民币升值 10% 时，私营企业的出口价格将平均下降 1.802%，其余 8.198% 的汇率变化将传递到以外币计价的出口产品价格上。相对基准类企业，外商独资企业的价格汇率弹性将平均增加 0.0607，即私营企业的平均价格汇率弹性为 0.2028。这意味着，当人民币升值 10% 时，外商独资企业的出口价格将平均下降 2.028%，其余

7.972%的汇率变化将传递到以外币计价的出口产品价格上。相对基准类企业，中外合作合资企业的价格汇率弹性将平均增加 0.0574，即中外合作合资企业的平均价格汇率弹性为 0.1995。这意味着，当人民币升值 10% 时，私营企业的出口价格将平均下降 1.995%，其余 8.005% 的汇率变化将传递到以外币计价的出口产品价格上。

根据上述分析可知，从企业所有制的类型来看，总体而言，外资企业具有更高的价格汇率弹性，从而其汇率传递率较低，这类企业具有较强的依市定价能力。之所以出现这种情况，可能是因为外商独资企业一般为跨国企业，它们在全球范围协调生产销售的能力较强，从而能够根据汇率的变化对价格进行较有力的调整。中外合资合作企业也具有一定的依市定价能力，但低于外商独资企业的依市定价能力。然后，私营企业的依市定价能力位列中外合资合作企业之后，最后为国有企业。

因此，从所有制类型看，依市定价能力的强弱依次是外商独资企业、中外合资合作企业、私营企业、国有企业。支持出口汇率传递存在所有制异质性的假设 H_2。按照出口汇率传递率从大到小的排列依次为私营企业、国有企业、中外合资合作企业、外商独资企业。但不支持私营企业的汇率传递率比国有企业高的假设，这也部分说明中国的私营企业在国际市场不具备依市定价的能力。

5.4.2 贸易方式对汇率传递的影响

加工出口占据了中国出口的半壁江山，其重要性不言而喻。加工贸易是一种通过各种不同的方式，将进口原料、材料或零件，利用本国的生产能力和技术，加工成成品后再出口，从而获得以外汇体现的附加价值。加工贸易是以加工为特征的再出口业务，按照所承接业务的不同特点来划分，常见的加工贸易方式包括：进料加工、来料加工、装配业务和协作生产。由于具有自身的特殊性，这类贸易和一般贸易差别显著，因此，从事加工贸易的企业与从事一般贸易的企业在面对汇率的变化时，其对产品价格的调整可能存在一定的异质性。为了对这一异质性进行研究，对加工贸易和一般贸易的海关数据单独进行分析。结合模型（5-1）和模型（5-3），把来料加工贸易和进料加工贸易以及来料加工装配贸易作为一个整体（*pro - trade*），并把它和一般贸易（*gen - trade*）作为虚拟变量加入模型（5-1），

第五章 汇率波动对企业出口价格的影响：汇率传递效应分析

形成诸如模型（5-3）的计量经济模型，同时，加入两者与汇率对数变化的交互项，即 $pro-trade \times \Delta\ln(RER_{ct})$ 和 $gen-trade \times \Delta\ln(RER_{ct})$。把除了加工贸易和一般贸易之外的其他出口贸易企业作为分析基准，估计结果见表5-6。

根据出口企业贸易方式的差异和表5-6的结果，计算出了不同贸易方式下的企业的汇率传递率，结果如表5-7所示。

表5-6　　　　人民币汇率传递的贸易方式异质性估计结果

变量	(1) 全样本	(2) 单一产品	(3) 多产品企业	(4) 生产企业
$\Delta\ln(RER_{ct})$	0.0625 *** (0.0438)	0.0533 *** (0.0328)	0.0585 *** (0.0418)	0.0832 *** (0.0299)
$pro-trade$	0.0840 (0.0142)	0.0327 (0.0279)	0.0529 *** (0.0232)	0.0243 (0.0338)
$pro-trade \times \Delta\ln(RER_{ct})$	0.0837 * (0.0454)	0.0410 ** (0.0221)	0.0460 *** (0.0280)	0.0782 *** (0.0311)
$gen-trade$	0.0548 *** (0.0142)	0.0291 (0.0186)	0.0391 *** (0.0107)	0.0442 *** (0.0164)
$gen-trade \times \Delta\ln(RER_{ct})$	0.1074 ** (0.0292)	0.0613 *** (0.0272)	0.0526 *** (0.0243)	0.0816 *** (0.0212)
$\Delta\ln(GDP_{ct})$	0.7283 *** (0.1367)	0.3152 * (0.1712)	0.3010 (0.4958)	-0.4072 ** (0.1642)
$\Delta\ln(GDPPER_{ct})$	-0.0676 (0.1358)	0.3561 *** (0.1423)	0.5712 *** (0.2461)	0.2218 (0.3977)
C	-0.0559 *** (0.0137)	-0.1020 *** (0.0291)	-0.0194 *** (0.0134)	-0.0843 *** (0.0321)
年度效应	是	是	是	是
企业—产品—目的地效应	是	是	是	是
样本观测数	6923903	603219	2017844	3859920

注：括号内的值为稳健标准误。***、**、* 分别表示在1%、5%、10%的显著性水平上显著。

表 5-7　　　　企业的不同贸易方式的人民币汇率传递率

企业出口贸易方式	（1）全样本	（2）单一产品	（3）多产品企业	（4）生产企业
加工贸易	0.8538	0.9057	0.8955	0.8386
一般贸易	0.8301	0.8854	0.8889	0.8352

注：汇率传递率等于1减去汇率的出口价格弹性。

根据表5-6第（1）列的估计结果和表5-7可知，对于全样本企业而言，不同贸易方式的企业汇率传递存在异质性。对于基准类企业而言，价格的汇率弹性为0.0625，且在1%的显著性水平上显著。这表明，对于人民币10%的升值，基准类企业的出口价格将平均降低0.625%，即汇率变化的9.375%将传递到以外币计价的产品出口价格中。

相对于基准类企业，从事加工贸易的企业，其价格的汇率弹性将平均增加0.0837，即加工贸易企业的价格汇率弹性为0.1462。这表明当人民币升值10%时，加工贸易企业的出口价格将平均降低1.462%，其余8.538%的汇率变化将传递到以外币计价的产品出口价格中。同时，相对于基准类企业，从事一般贸易的企业，其价格的汇率弹性将平均增加0.1074，即加工贸易企业的价格汇率弹性为0.1699。这表明当人民币升值10%时，加工贸易企业的出口价格将平均降低1.699%，其余8.301%的汇率变化将传递到以外币计价的产品出口价格中。根据分析可知，从事一般贸易的企业比从事加工出口贸易的企业具有更大的价格汇率弹性，较小的汇率传递率，较强的依市定价能力。

作为全样本估计结果的稳健性检验，对单一产品企业的汇率传递弹性进行分析，估计结果见表5-6的第（2）列。根据表5-6的第（2）列的估计结果和表5-7可知，对于单一产品企业而言，不同贸易方式的企业汇率传递存在异质性。对于基准类企业而言，价格的汇率弹性为0.0533，且在1%的显著性水平下是显著的。这表明，对于人民币10%的升值，基准类企业的出口价格将平均降低0.533%，这意味着汇率变化的9.467%将传递到以外币计价的产品出口价格中。相对于基准类企业，从事加工贸易的企业，其价格的汇率弹性将平均增加0.0410，即加工贸易企业的价格汇率弹性为0.0943。这表明当人民币升值10%时，加工贸易企业的出口价格将平均降低0.943%，其余9.057%的汇率变化将传递到以外币计价的产品出口价格中。同时，相对于基准类企业，从事一般贸易的企业，其价格的汇率弹性将平均增加0.0613，即加工贸易企业的价格汇率弹性为0.1146。这表明当人民币升值10%时，加工贸易企业的出口价格将平均降低1.146%，其余8.854%的汇率变化将传递到以外币计价的产品出口价格中。

根据上述分析可知，从事一般贸易的企业比从事加工出口贸易的企业具有更大的价格汇率弹性，较小的汇率传递率，较强的依市定价能力。

作为与单一产品的比较，本章同时给出了多产品企业汇率传递弹性的估计结果，见表5-6的第（3）列。根据估计结果和表5-7可知，总体而言，多产品企业比单一产品企业具有更大的价格汇率弹性。这表明，相对单一产品出口企业，多产品出口企业具有更强的依市定价能力，这与之前的分析结果相一致。对于基准类出口企业而言，价格的汇率弹性为0.0585，且在1%的显著性水平下是显著的。这表明，对于人民币10%的升值，基准类企业的出口价格将平均降低0.585%，这意味着汇率变化的9.415%将传递到以外币计价的产品出口价格中。

由表5-6和表5-7可知，对于多产品企业，相对于基准类企业，从事加工贸易的企业，其价格的汇率弹性将平均增加0.0460，即加工贸易企业的价格汇率弹性为0.1045。这表明当人民币升值10%时，加工贸易企业的出口价格将平均降低1.045%，其余8.955%的汇率变化将传递到以外币计价的产品出口价格中。同时，相对于基准类企业，从事一般贸易的企业，其价格的汇率弹性将平均增加0.0526，即加工贸易企业的价格汇率弹性为0.1111。这表明当人民币升值10%时，加工贸易企业的出口价格将平均降低1.111%，其余8.889%的汇率变化将传递到以外币计价的产品出口价格中。根据分析可知，对于多产品出口企业而言，从事一般贸易的比从事加工出口贸易的具有更大的价格汇率弹性，较小的汇率传递率，较强的依市定价能力。这与全样本和单一产品企业样本的结论一致。

为了与前面的分析思路统一，本部分估计了不同贸易方式下生产企业的汇率传递率，结果见表5-6的第（4）列。根据5-6的第（4）列的估计结果和表5-7可知，相对全样本，总体而言，生产企业具有更大的价格汇率弹性。这表明，生产企业具有更低的汇率传递率，因此，生产企业的依市定价能力更强，这与前面的分析一致。接下来针对不同的贸易方式展开具体分析。对于基准类出口企业而言，价格的汇率弹性为0.0585，且在1%的显著性水平下是显著的。这表明，对于人民币10%的升值，基准类企业的出口价格将平均降低0.585%，即汇率变化的9.415%将传递到以外币计价的产品出口价格中。相对于基准类企业，从事加工贸易的企业，其价格的汇率弹性将平均增加 0.0460，即加工贸易企业的价格汇率弹性为 0.1045。这表明当人民币升值 10% 时，加工贸易企业的出口价格将平均降低 1.045%，其余 8.955% 的汇率变化将传递到以外币计价的产品出口价格中。同时，相对于基准类企业，从事一般贸易的企业，其价格的汇率弹性将平均增加 0.0526，即加工贸易企业的价格汇率弹性为 0.1111。这表明当人民币升值 10% 时，加工贸易企业的出口价格将平均降低 1.111%，其余 8.889% 的汇率变化将传递到以外币计价的产品出口价格中。

根据分析可知，对于多产品出口企业而言，从事一般贸易的比从事加工出口贸易的具有更大的价格汇率弹性，较小的汇率传递率，较强的依市定价能力。这与全样本和单一产品企业样本的结论一致。在相同贸易方式下，生产企业的依市定价能力更强。

总而言之，出口汇率传递存在贸易方式异质性，相对从事一般贸易的企业，加工贸易企业的出口汇率传递率较低的假设 H_3 是成立的。

5.5　本章小结

本章利用 2000—2006 年中国海关数据，测算了企业层面的人民币相对出口目的地货币的实际汇率，并实证考察了人民币实际汇率对中国工业企业出口价格调整行为的影响。本章的研究发现人民币实际汇率变化对出口价格的影响是显著的，也就是说，人民币实际汇率升值会降低企业以本币表示的出口价格，这说明企业出口存在不完全的汇率传递效应，该结论在克服了可能的内生性问题之后依然稳健。

通过引入了企业特征的分析表明，人民币汇率对不同特征企业的价格调整行为具有显著的异质性影响。在企业所有制的质异质性方面，外商独资企业的出口价格受汇率变动的影响最大，然后依次为中外合资合作企业、国有企业、私营企业，表明企业在所有制的异质性上汇率传递也具有异质性，也表明我国的企业在国际市场上的定价能力较弱。

在出口贸易方式的异质性方面，从事一般贸易比加工出口贸易更具有价格汇率弹性，较小的汇率传递率，较强的依市定价能力。在相同贸易方式下，生产企业的依市定价能力更强。

第六章 汇率波动对企业出口行为的影响分析

随着人民币汇率波动幅度扩大和汇率频繁波动,正如第五章所述,尽管汇率的传递是非完全的,但汇率毕竟对企业的产品和服务的出口价格产生了影响,这就给企业提出了如何调整出口行为问题。

企业出口行为无非包含两个方面,一是参与出口的意愿,二是如果参与出口,出口规模的决策。不参与出口意愿包括不参与意愿和参与后的退出意愿。关于汇率波动对一国企业出口行为的影响,从理论上讲,主要有两种观点:一种观点认为汇率波动会导致企业的收入风险增加,进而导致削弱企业进出口行为,对国际贸易产生不利影响(Ethier,1973;Demers,1991);另一种观点认为企业会通过市场机制,运用诸如期货、期权和互换等各种金融工具及其衍生金融工具有效调节和规避风险,汇率波动对企业的出口行为的影响不一定是负面的,在某些条件下,汇率波动甚至会对一种贸易产生正面效应,促进企业出口(Giovannini,1988;Sercu 和 Vanhulle,1992)。

另外,企业具有不同属性,在面临同一汇率波动时,可能会采取不同的应对措施,出口行为也可能存在差异。因此,本章旨在研究汇率波动对企业出口行为的影响,并且基于企业所有制异质性和企业生产率异质性两个层面考察汇率波动对异质性企业出口行为的影响。

6.1 汇率波动对企业出口行为影响的理论假设

在第三章 3.1.4 节中推导的实物期权模型中,模型(3-31)表明汇率波动会使汇率临界值 R^* 下降,降低企业从事出口的概率,企业出口数量减少。通常,企业表现出风险厌恶的特征,所以,在汇率波动加剧时,企业将会面临较大的汇率风险暴露,企业对出口的未来利润充满了不确定性,汇率波动会导致企业的收入风险增加,在出口策略选择时,风险厌恶的企业会更加谨慎,换言之,在汇率波动幅度较大的阶段,风险厌恶的企业很可能会将盈利的重心放到国内市场,选择性地减少出口商品的数量,削弱企业进出口行为,以应对汇率波动的加剧。(Ethier,1973;Demers,1991)。

据此理论分析,本章提出假设 H_1。

假设 H_1:汇率波动会对企业出口行为产生负面影响。

第三章的 3.2.1 章节从理论上分析了汇率波动对企业出口影响的传导机制,认为汇率波动会对企业出口产生负面冲击,主要表现在降低了企业参与海外市场的意愿、减少企业的出口规模和增加企业退出海外市场概率这三个方面。但是,对于不同所有制企业而言,汇率波动产生的负面影响程度存在差异。正如第五章的研究结论,外资企业由于具有汇率风险管控、商品定价谈判和计算货币选择等多方面的优势,能够有效缓解汇率波动带来的负面冲击。私营企业生产经营灵活,能够根据汇率波动灵活调整自身策略。相比之下,国有企业由于在经营机制上的缺陷,对市场的汇率波动难以做出及时调整,因此,国有企业受汇率波动的负面影响会更大。

据此分析,本章提出假设 H_2。

假设 H_2:汇率波动对企业出口行为的负面影响存在所有制异质性。按照汇率波动对企业出口行为负面影响程度,由大到小依次为国有企业、私营企业、外资企业。

在企业生产率方面,与低生产率企业相比,高生产率企业在海外市场具有更强的竞争力。主要表现在高生产率企业产业附加值高,具有更强的利润空间和更高的单位利润,而低生产率企业往往产业附加值不高,一旦汇率波动加剧,相对较低的利润空间使得低生产率企业难以承受汇率波动产生的不确定性,因此,低生产率企业往往会采取缩小规模甚至退出出口的决策。

据此分析,本章提出假设 H_3。

假设 H_3:汇率波动对企业出口行为的负面影响存在生产率异质性。汇率波动对低生产率企业的负面影响要大于高生产率企业。

根据规模效应理论,当企业扩大生产规模时,随着生产成本和管理费用降低,能够得到经济效益的提升,应对汇率风险的能力增强。企业的盈利能力越强,企业对技术创新的投入就越多,企业在国际市场的竞争力就越强。另外,企业运营年限越长,企业市场经验越丰富,竞争力越强。这些因素是企业从事贸易的因素(Sterlacchini,2001;Dijk,2002)。

据此分析，本章提出假设 H_4。

假设 H_4：企业规模越大，或者企业盈利能力越强，或者企业运营年限越长，企业价值就越高。

6.2 汇率波动对企业出口行为影响的模型构建

6.2.1 基准计量模型构建

通常，企业是先确定是否进入海外市场，再决定具体的出口规模。企业的对外出口通常是一个两阶段决策过程。企业参与决策与企业出口规模决策是两个相互依赖的过程，两个阶段存在一定的依赖性。对汇率波动对企业出口参与决策和企业出口规模决策，如果分别直接采用 OLS 回归，就容易产生选择性偏误，导致有偏估计，影响计量分析的准确性。Heckman 选择模型是解决这类问题的很好办法，能够纠正选择性偏误，得出更准确的结论（张会清、唐海燕，2012）。

因此，本书将企业的出口视作一个两阶段决策过程，第一阶段为出口参与决策，第二阶段为出口规模决策。构建如式（6-1）所示的计量经济模型：

$$EXP_{it} = \beta_0 + \beta_1 REER_t + \beta_2 SCALE_{it} + \beta_3 PROFIT_{it} + \beta_4 AGE_{it} + \varepsilon_{it} \quad (6-1)$$

$$EXPORT_{it} = \alpha_0 + \alpha_1 REER_t + \alpha_2 SCALE_{it} + \beta_3 PROFIT_{it} + \alpha_4 AGE_{it} + w_{it} \quad (6-2)$$

其中，式（6-5）为企业第一阶段的出口参与决策模型，其中，EXP 代表出口意愿，为虚拟变量，当企业选择出口时 EXP 为 1，不出口时为 0。式（6-6）为企业第二阶段的出口规模决策模型，$EXPORT$ 表示企业的出口规模。正如前面的理论分析和假设，在这两个模型中，均纳入了来自外部的汇率变动因素和和企业自身因素：$REER$ 为实际有效汇率波动，$SCALE$ 为企业规模，$PROFIT$ 为企业的盈利能力，AGE 为企业的运营年限，ε 和 w 都是随机干扰项。在模型（6-1）和模型（6-2）中，参数 α_1 和 β_1 是本章研究所关注的重点，它们能够衡量汇率波动是如何影响企业出口行为以及对企业出口行为的影响程度。如果 α_1 为负，则说明汇率波动会降低企业参与海外市场的概率。同样，如果 β_1 为负，则说明汇率波导致企业出口规模缩小。

如果企业决定当期退出海外市场，由于不存在第二阶段的出口规模决策,所以,需要单独建立退出决策模型。参考出口参与决策和出口规模决策的模型建立方法,构建如式(6-3)所示的企业退出决策的二元 Probit 模型:

$$EXT_{it} = \lambda_0 + \lambda_1 REER_t + \lambda_2 SCALE_{it} + \lambda_3 PROFIT_{it} + \lambda_4 AGE_{it} + \sigma_{it} \quad (6-3)$$

在模型(6-7)中,EXT 代表企业退出海外市场的意愿,为虚拟变量,当企业在上一期有出口记录而在当期没有出口记录时,表明企业在当期选择了退出,EXT 取值为 1,本期与上期都有出口记录时,EXT 取值为 0。σ 是随机干扰项。参数 λ_1 衡量汇率波动对企业退出决策的影响,如果 λ_1 为负,则说明汇率波动降低了企业退出海外市场的概率。如果 λ_1 为正,则说明汇率波动提高了企业退出海外市场的概率,导致企业退出海外市场意愿增强,不愿再从事出口贸易业务。

在模型(6-1)、模型(6-2)和模型(6-3)中,$SCALE$ 代表企业规模,$PROFIT$ 代表企业盈利能力,AGE 代表企业运营年限。

综合理论分析和假设,预期模型(6-1)、模型(6-2)和模型(6-3)中的系数符号如表 6-1 所示。

表 6-1　　　　　模型的系数预期符号与理论依据

预期符号	理论依据
$\alpha_1 < 0$、$\beta_1 < 0$、$\lambda_1 > 0$	汇率波动幅度越大,企业出口面临的风险就越大,企业参与参与海外市场的意愿就会减弱,企业出口规模就会减少,已在海外市场的企业的退出意愿就会增加。
$\alpha_2 > 0$、$\beta_2 > 0$、$\lambda_2 < 0$	一般而言,出口企业的规模越大,越能够承受出口贸易风险和海外市场的进入成本,愿意进入海外市场,增加出口,不愿退出海外市场。
$\alpha_3 > 0$、$\beta_3 > 0$、$\lambda < 0$	通常,企业的盈利能力越强,表明企业具有更强的竞争力,相应地也更有能力进行出口贸易,愿意进入海外市场,增加出口,不愿退出海外市场。
$\alpha_4 >$、$\beta_4 > 0$、$\lambda_4 < 0$	企业的运营年限越长,说明企业的市场经验越丰富,并具有较强的竞争力,愿意进入海外市场,增加出口,不愿退出海外市场。

6.2.2 基于异质性的计量模型拓展

尽管通过模型（6-1）、模型（6-2）和模型（6-3），可以从企业层面研究汇率波动对企业出口行为的影响，但是模型（6-1）、模型（6-2）和模型（6-3）没有考虑到企业之间的差异，无法对汇率波动对企业出口行为的异质性进行分析和比较。企业所有制类型的不同、生产率的差异等均有可能导致汇率波动对不同类型企业的影响存在差异。为了充分考虑汇率波动对出口企业行为影响的异质性，需要对模型（6-1）、模型（6-2）和模型（6-3）进行适当拓展，把企业的异质性纳入其中。

正如前面的理论分析和相关假设，本章基于企业所有制异质性和企业生产率异质性两个层面，展开汇率波动对企业出口行为影响的异质性研究。类似于第五章，本章采用定性变量 $TYPE$ 来反映企业的不同特质，当属于某一定性状态的某一类别时，$TYPE$ 取值为1，否则为0。于是，为了反映不同特质的企业受汇率波动影响的差异，将模型（6-1）、模型（6-2）和模型（6-3）分别拓展为模型（6-4）、模型（6-5）和模型（6-6）：

$$EXP_{it} = \beta_0 + \beta_1 REER_t + \theta TYPE \times REER_t + \beta_2 SCALE_{it} \\ + \beta_3 PROFIT_{it} + \beta_4 AGE_{it} + \varepsilon_{it} \quad (6-4)$$

$$EXPORT_{it} = \alpha_0 + \alpha_1 REER_t + \theta TYPE \times REER_t + \alpha_2 SCALE_{it} \\ + \alpha_3 PROFIT_{it} + \alpha_4 AGE_{it} + w_{it} \quad (6-5)$$

$$EXT_{it} = \lambda_0 + \lambda_1 REER_t + \theta TYPE \times REER_t + \lambda_2 SCALE_{it} \\ + \lambda_3 PROFIT_{it} + \lambda_4 AGE_{it} + \sigma_{it} \quad (6-6)$$

6.2.3 指标选取与数据来源

6.2.3.1 指标选取

（1）企业出口行为变量

企业出口行为变量是本章的主要被解释变量，主要包括三部分：出口规模、出口参与意愿、出口退出意愿。

第一部分是企业的出口规模（$EXPORT$），常用企业的出口额，本章选取企业的出口额占销售额的比重来表示企业出口规模；第二部分是企业出口参与意愿（EXP），企业出口参与意愿是虚拟变量，企业选择出口时为1，不出口时为 0；第三个部分是企业退出出口意愿（*EXT*），是虚拟变量。当企业在上一期有出口记录而在当期没有出口记录时，表明企业在当期选择退出，此时，*EXT* 取值为 1，当期仍然有出口时，*EXT* 取值为 0。

（2）汇率波动

汇率波动变量的选取较为复杂。名义汇率是汇率交易的直接表示形式，但是由于各国通货膨胀水平不同，不能够反映出货币的真实购买水平，因而需要转换为实际汇率。不同企业的进出口目的地和贸易额存在差异，而每个贸易国都有与之对应的汇率，虽然汇率套利行为会使各国实际汇率趋于一致，但是不能完全消除差异，因而需要以企业与进出口地的贸易额作为权重，对汇率求加权平均，得到企业层面的实际有效汇率。但是由于中国工业企业数据库中缺少企业进出口目的地的数据，无法计算企业层面的实际有效汇率，这里用国家层面的实际有效汇率来代替。

计算汇率波动的方法主要有对数收益率法、GARCH 方法（Driver 等，2005）和标准偏差方法（Ghosal 和 Loungani，2006）。对数收益率法太过于简化，不能准确反映汇率的波动性。GARCH 方法的检验表明汇率波动不存在异方差，因而没有必要采用 GARCH 方法。因此，本章采用标准偏差方法，步骤如下：首先估计实际有效汇率的自回归模型（式（6－7）），其中 S_t 为实际有效汇率，T 为时间趋势，S_{t-i} 为汇率滞后期，ε_t 代表了实际汇率与均值的偏差，即汇率波动。分别对每年的月度汇率波动求标准差并加权平均即可获得年度汇率波动指标。

$$S_t = \beta_0 + \beta_1 T + \sum_{t=1}^{n} \alpha_i S_{t-i} + \varepsilon_t \qquad (6-7)$$

经检验，若包含截距项，则无法通过 t 检验，而无截距项的一阶自回归方程的拟合度已足够好，不需要引入更多的滞后项。所以将汇率波动测度的式子改写为如式（6－8）的形式：

$$S_t = \alpha_1 S_{t-1} + \varepsilon_t \qquad (6-8)$$

（3）企业盈利能力

企业盈利能力是本章的控制变量，企业盈利能力采用营业利润占销售收入的比重表示。

（4）企业规模

企业规模是本章的控制变量，企业规模用销售额的对数表示。企业的销售额越高，则企业的规模越大。

（5）企业运营年限

企业运营年限是本章的控制变量，由样本年份与企业成立年份之差取对数衡量。

6.2.3.2 数据来源

我国实际有效汇率的数据来自国际清算银行。本章所使用的企业层面的数据来源于国家统计局的《中国工业企业数据库》。这个数据库收录了大量企业的主要经济指标，包括从业人数、出口交货值、所属行业类型等，样本数据年份为1998—2013年。虽然该数据库具有长期、大样本和多指标等优势，但是由于其数据收集途径为企业主动上报，而整理发布该数据的机构也非学术研究机构，所以该数据存在指标缺失、指标异常、统计误差等问题。为了保证经验研究的准确性，需要采取一些方法缓解或消除这些数据缺陷。参考我国《企业会计准则》（2015）和Brandt等（2012）对数据处理的办法，并考虑本章实证分析的具体需要，对数据进行筛选，满足以下任何条件则视为异常值并剔除该组数据：（1）工业总产值、销售额、总资产、固定资产净值、固定资产合计、从业人数为负、小于零或缺失；(2)企业雇佣人数小于等于8；(3)企业成立时间在1949年之前或生存年龄小于0，以及成立时间无效的企业（开业月份小于1或大于12、开业年份大于统计时所在年份）；(4)企业利润率（营业利润/营业额）超过100%；(5)总资产小于固定资产、总资产小于固定资产净值；(6)营业收入和出口交货值为负；(7)营业利润为负；(8)非国有企业主营业务收入低于500万元；(9)营业利润、行业代码、地区代码缺失的样本。

剔除满足上述条件的样本后，为了剔除包含极端值的样本，进行如下处理：剔除销售额、总资产、固定资产净值、固定资产总计、营业收入、营业利润、劳动投入的最大和最小1%的数据。

6.3 汇率波动对企业出口行为影响的实证分析

6.3.1 汇率波动对企业出口行为影响的分析

为了消除异方差，本章对实际有效汇率波动（$REER$）、企业规模（$SCALE$）、企业盈利能力（$PROFIT$）和企业运营年限（AGE）均取自然

汇率波动与企业行为

对数。

对于模型（6-1）和模型（6-2），因为第二阶段的出口规模决策可能会受到第一阶段出口参与决策的影响，直接单独估计回归方程得到汇率波动的参数估计值可能是有偏的，所以，本章采用 Heckman（1979）两阶段的样本选择模型予以估计。具体的做法如下：首先，估计式（6-1）的二元 Probit 模型，得到对应参数 β 的估计值，并根据样本中的每一个估计值，计算对应的选择性矫正因子逆米尔斯比率（Inverse Mills Ratio，以 δ_i 表示），从而修正样本的选择性偏误，并且检验两阶段决策是否存在显著的相互依赖性；其次，将 δ_i 作为式（6-2）的额外的解释变量，与其他的解释变量一同构成线性回归模型，从而获得参数 α 和 δ_i 的参数估计值，如果 δ_i 参数的估计值显著不为零，则说明第二阶段的出口规模决策会受到第一阶段出口参与决策影响。采用 Heckman 两步法只能对企业当期决定进入海外市场的情况进行估计。

基于 Heckman 两步法的出口参与及规模决策模型的全样本估计结果见表 6-2 第（1）列和第（2）列，市场退出决策 Probit 模型的估计结果见表 6-2 第（3）列，表 6-2 的第（4）列是企业出口规模与汇率波动的 OLS 回归结果。

表 6-2　　　　汇率波动对企业行为影响的全样本回归结果

变量	(1) EXPORT	(2) EXP	(3) EXT	(4) EXPORT
REER	-1.403*** (0.285)	-0.202*** (0.00371)	0.0847*** (0.00705)	-0.0272*** (0.000964)
SCALE	1.023*** (0.217)	0.156*** (0.00110)	-0.155*** (0.00221)	0.0081*** (0.000287)
PROFIT	-6.945*** (1.378)	-0.947*** (0.0172)	0.0108 (0.0322)	-0.172*** (0.00422)
AGE	0.353*** (0.0773)	0.0547*** (0.00149)	-0.170*** (0.00321)	0.00079** (0.000386)
C	-20.44*** (4.296)	-2.044*** (0.0127)	0.977*** (0.0260)	0.123*** (0.00330)

续表

变量	(1) EXPORT	(2) EXP	(3) EXT	(4) EXPORT
δ	9.645*** (1.881)	9.645*** (1.881)		
样本观测数	1299001	1299001	478139	1299001

注：括号内的值为稳健标准误。***、**、*分别表示在1%、5%、10%的显著性水平上显著。

表6-2第（1）列和第（4）列的回归结果显示汇率波动 REER 对企业出口规模 EXPORT 的参数估计值分别为 -1.403、-0.0272，可以看出，汇率波动对企业的出口规模产生了负面影响，并且在1%的显著水平下显著。第（2）列的汇率波动 REER 对企业参与出口意愿 EXP 的估计值 -0.202 显示汇率波动削弱了企业参与出口的意愿，并且在1%显著水平下显著。第（3）列的汇率波动 REER 对企业出口退出意愿 EXT 的估计值 0.0847 显示汇率波动增强了企业退出出口的意愿，并且在1%显著水平下显著。

第（2）列 δ 的估计值在的1%显著性水平下显著为正，表明模型（6-1）和模型（6-2）的出口行为之间存在相互依赖的关系，出口参与决策和出口规模决策共同决定企业的出口行为。相较于第（4）列的传统 OLS 回归，本章采用的 Heckman 两步法回归更加合理。传统的 OLS 回归低估了人民币汇率波动对企业出口行为的负面影响。

在出口参与决策回归模型（6-1）中，汇率波动的参数估计值为 -0.202。说明人民币实际有效汇率波动幅度每增加1个单位，则中国企业参与出口的意愿降低了约 0.202。在市场退出意愿的式（6-3）所示的 Probit 模型中，汇率波动的参数估计值为 0.0847，表明汇率波动幅度每增加1个单位，中国企业退出海外贸易市场的意愿大约会增加 0.0847。

在出口规模决策回归模型中，实际有效汇率波动的参数估计值为 -1.403，表明人民币实际有效汇率波动幅度每增加1个单位，企业的出口额就相应减少大约 1.403 单位。由此可知，人民币实际有效汇率波动对企业的出口具有负面的影响。

在控制变量方面，无论是企业出口参与决策还是企业出口规模决策，企业运营年限和企业规模的估计系数都显著为正，说明企业规模越大、企业运营年限越长，企业参与海外出口的意愿越大，其出口规模越大。而在企业退出模型中,企业运营年限和企业规模的估计系数显著为负,说明企业规模越大、企业运营年限越长的企业越不容易退出海外市场。在 OLS 的回归结果中,企业规模和企业运营年限的估计系数与 Hekcman 模型的回归结果是一致的,均显著为正,说明企业规模和企业运营年限对企业出口规模有显著正向促进作用。

综合以上分析可知,汇率波动对中国企业的出口产生了显著的负面影响,不仅表现为企业出口规模减小,也表现为中国企业参与海外市场贸易意愿降低和退出海外贸易市场意愿增加。本章提出假设 H_1 得以验证,也就是说,汇率波动会对企业出口行为产生负面影响的假设是成立的。

6.3.2 所有制异质性的汇率波动对企业出口行为影响的分析

6.3.2.1 按所有制类型分类的估计与分析

(1)按所有制类型分类的子样本 Heckman 模型估计与分析结果

表 6-3 是按国有企业、私营企业和外资企业分类的模型(6-1)和模型(6-2)的 Heckman 模型的估计结果。第(1)列、第(2)列和第(3)列分别对应国有企业、私营企业和外资企业的估计结果。

表 6-3　　按所有制类型分类的 Heckman 模型估计结果

变量	(1)		(2)		(3)	
	EXPORT	EXP	EXPORT	EXP	EXPORT	EXP
REER	-0.489**	-0.197***	-0.460***	-0.172***	-0.345**	-0.0870***
	(0.234)	(0.0157)	(0.126)	(0.00513)	(0.151)	(0.0103)
SCALE	0.685**	0.275***	0.110**	0.0745***	0.0711	0.0412***
	(0.319)	(0.00359)	(0.0544)	(0.00180)	(0.0680)	(0.00348)
PROFIT	-1.885**	-0.663***	-4.129***	-1.490***	-4.983***	-1.116***
	(0.826)	(0.0557)	(1.119)	(0.0295)	(1.859)	(0.0429)
AGE	-0.112***	-0.0236***	0.643***	0.236***	1.064***	0.229***
	(0.0333)	(0.00479)	(0.172)	(0.00261)	(0.357)	(0.00562)
C	-11.40**	-3.627***	-6.083***	-1.769***	-6.332**	-0.364***
	(5.260)	(0.0440)	(1.984)	(0.0211)	(2.757)	(0.0423)

续表

变量	(1)		(2)		(3)	
	EXPORT	EXP	EXPORT	EXP	EXPORT	EXP
δ	3.532**	3.532**	3.633***	3.633***	8.299***	8.299***
	(1.446)	(1.446)	(0.935)	(0.935)	(2.767)	(2.767)
样本观测数	138908	138908	603498	603498	127223	127223

注：括号内的值为稳健标准误。***、**、*分别表示在1%、5%、10%的显著性水平上显著。

从表6-3的结果可以看出，从企业出口规模来看，国有企业、私营企业和外资企业汇率波动 RRER 的估计系数分别为 -0.489、-0.460、-0.345，都为负，并且在5%显著水平下显著，与全样本回归结果一致。这说明无论是对国有企业、私营企业还是外资企业来说，汇率波动都会导致企业出口规模减小。

从企业出口的参与意愿看，表6-3显示出国有企业、私营企业和外资企业的汇率波动的估计系数分别为 -0.197、-0.172、-0.0870，均为负，并且在1%显著水平下显著，也与全样本回归结果一致。这说明无论是国有企业、私营企业还是外资企业，汇率波动会降低企业的出口意愿。

(2) 按所有制分类的子样本的 Probit 模型估计估计与分析

表6-4中的第(1)、第(2)栏和第(3)栏分别是国有、私营和外资企业根据市场退出 Probit 模型 (6-3) 的回归结果。

表6-4　　　　按所有制分类的 Probit 模型估计结果

变量	(1)	(2)	(3)
	EXT	EXT	EXT
REER	0.0124	0.213***	0.180***
	(0.0314)	(0.00965)	(0.0154)
SCALE	-0.140***	-0.120***	-0.168***
	(0.00776)	(0.00339)	(0.00605)
PROFIT	-0.544***	0.608***	-0.345***
	(0.112)	(0.0493)	(0.0713)
AGE	-0.0379***	-0.220***	-0.474***
	(0.0101)	(0.00488)	(0.00874)

续表

变量	(1) EXT	(2) EXT	(3) EXT
C	0.930*** (0.0981)	0.522*** (0.0410)	1.425*** (0.0716)
样本观测数	27266	225839	86280

注：括号内的值为稳健标准误。***、**、* 分别表示在1%、5%、10%的显著性水平上显著。

从表6-4的估计结果可以看出，企业退出意愿 EXT 受实际有效汇率波动影响的估计结果分别为 0.0124、0.213、0.180，除了国有企业由于样本相对较少导致估计系数不显著，私营企业和外资企业的估计系数均在 1% 显著水平下显著，显示汇率波动会使企业退出出口意愿增强，与表6-2全样本回归结果相一致。

6.3.2.2 不同所有制企业对汇率波动敏感度分析

尽管在前一节分析了不同所有制企业的出口行为都受到了汇率波动的负面影响，并且基本在统计意义下是显著的，但没有给出汇率波动对哪类企业的影响要大，因为不能简单比较参数估计值的大小来判断，需要对参数是否有差异进行检验。

为了比较不同所有制企业的出口行为受汇率波动的影响是否存在差异，本章采用与其他章节相同的方法，引入虚拟变量，以外资企业国有企业为参照企业，定义虚拟变量 $state-own$ 和 $private-own$。其中，当企业为外资企业时，$state-own$ 取值为 1，否则为 0；当企业为私营企业时，$private-own$ 取值为 1，否则为 0。

表6-5显示的是不同所有制企业对汇率波动敏感度估计结果。

表6-5　不同所有制企业对汇率波动敏感度估计结果

变量	(1)		(2)
	EXPORT	EXP	EXT
REER	0.506*** (0.0320)	0.304*** (0.00439)	0.0508*** (0.00741)

续表

变量	(1)		(2)
	EXPORT	EXP	EXT
$state-own \times REER$	-1.340***	-0.800***	0.362***
	(0.0898)	(0.00436)	(0.00893)
$private-own \times REER$	-0.807***	-0.518***	0.0388***
	(0.0567)	(0.00230)	(0.00421)
SCALE	0.158***	0.178***	-0.161***
	(0.0194)	(0.00114)	(0.00223)
PROFIT	-1.226***	-0.886***	-0.0122
	(0.105)	(0.0178)	(0.0322)
AGE	0.118***	0.101***	-0.193***
	(0.0115)	(0.00158)	(0.00320)
C	-3.522***	-2.578***	1.076***
	(0.396)	(0.0133)	(0.0263)
δ	1.895***	1.895***	
	(0.149)	(0.149)	
样本观测数	1299001	1299001	478139

注：括号内的值为稳健标准误。***、**、*分别表示在1%、5%、10%的显著性水平上显著。

从表6-5的回归结果可以看出，在出口规模决策模型中，国有企业与汇率波动交互项的估计系数为-1.340，私营企业的为-0.807，并且在1%显著水平下显著，这表明和外资企业相比，汇率波动增加1个单位，国有企业和私营企业出口规模要多减少1.340个和0.807个单位，即汇率波动对国有企业出口规模的负面影响最大，其次是私营企业，最后是外资企业。

在出口参与决策模型中，国有企业与汇率波动交互项的估计系数为-0.800，私营企业的为-0.518，并且在1%显著水平下显著，显示出与外资企业相比，汇率波动增加1个单位，国有企业和私营企业出口参与意愿分别要多降低0.800、0.518，也就是说汇率波动对国有企业出口参与意愿的负面影响最大，其次是私营企业，最后是外资企业。

在市场退出模型中，国有企业与汇率波动交互项的估计系数为0.362，私营企业的为0.0388，并且在1%显著水平下显著，这表明和外资企业相比，汇率波动增加 1 个单位，国有企业和私营企业退出海外市场的意愿要比外资企业分别高 0.362 和 0.0388。

总体而言，汇率波动会对国有企业、私营企业和外资企业的出口规模产生负面冲击，并且汇率波动会降低企业参与海外市场的意愿，增加企业退出海外市场的概率。虽然方向一致，但对不同类型的企业，敏感度有所差异。在企业出口规模受到汇率波动的负面影响方面，国有企业所受影响远大于外资企业远和私营企业，且外资企业所受影响最小。在企业出口参与决策和市场退出意愿对汇率波动的敏感度方面，外资企业的敏感度远小于国有企业和私营企业，且国有企业的敏感度相对更大。这也验证了本书提出的假设 H_2，也就是说，汇率波动对企业出口行为的负面影响存在所有制异质性。按照汇率波动对企业出口行为负面影响程度，由大到小依次为国有企业、私营企业、外资企业。

究其原因，第一，外资企业具有汇率风险管控、商品定价谈判、结算货币选择等多方面的优势，能够有效地缓解人民币汇率波动带来的负面影响，所以企业出口参与决策和市场退出意愿对汇率波动最不敏感。因为外资企业拥有多样且有效的缓冲汇率风险的手段，在汇率波动剧烈时，即使不退出出口市场，也能够保证出口额受到较小的影响。而国有企业和私营企业因为不如外资企业有多样且强效的缓冲汇率风险的手段，它们受到汇率波动的负面影响较强，所以出口参与决策和市场退出意愿方面对汇率波动的敏感度大于外资企业。第二，私营企业由于在生产和经营上比国有企业更具有灵活性，可以在汇率波动幅度较大时能够及时反应，选择参与和退出海外市场，所以相比国有企业，私营企业的出口参与决策受汇率波动影响更小，出口规模受到的负面影响也较小。第三，大多国有企业因政府长期大力扶持，在强大资本支持和财政补贴下，其经营机制不够灵活，甚至某些经营决策还会受到国家政策的限制，在汇率波动剧烈时，因为不能及时采取有效的应对汇率风险的措施，所以国有企业出口额受到汇率波动的负面影响远大于私营企业。李宏彬等（2011）以及张会清和唐海燕（2012）也发现国有企业出口额受汇率波动的负面影响较大，此外，张会清和唐海燕（2012）也认为外资企业由于具有结算货币选择和汇率风险管控等多方面的优势，从而受到汇率波动的负面影响最小。

6.3.3 生产率异质性的汇率波动对企业出口行为影响的分析

考虑到汇率波动对不同生产率企业出口的影响可能存在差异,因此,有必要进一步研究汇率波动对不同生产率企业出口的影响。具体做法如下:以 TFP 指标的均值为临界点,临界点以下的企业分入低生产率企业子样本,临界点以上的企业分入高生产率企业子样本。

(1) 按生产率高低划分的子样本 Heckman 模型和 Probit 模型估计结果

针对低生产率企业的出口行为受汇率波动影响,运用模型(6-1)、模型(6-2)和模型(6-3)的估计结果如表6-6所示。第(1)列和第(2)列是基于 Heckman 模型的估计结果,第(1)列是企业出口规模决策模型的估计结果,第(2)列是企业出口参与决策模型的估计结果,第(3)列是企业市场退出 Probit 模型的回归结果。

同样,针对高生产率企业的出口行为受汇率波动影响,运用模型(6-1)、模型(6-2)和模型(6-3)的估计结果如表6-7所示。第(1)列和第(2)列是基于 Heckman 模型的估计结果,第(1)列是企业出口规模决策模型的估计结果,第(2)列是企业出口参与决策模型的估计结果,第(3)列是企业市场退出 Probit 模型的回归结果。

表6-6　　　　汇率波动对低生产率企业出口行为的影响

变量	(1)	(2)	(3)
	EXPORT	EXP	EXT
REER	-0.634***	-0.119***	0.0369***
	(0.125)	(0.00568)	(0.0102)
SCALE	1.712***	0.311***	-0.305***
	(0.302)	(0.00214)	(0.00419)
PROFIT	-5.773***	-1.028***	-0.190***
	(1.068)	(0.0237)	(0.0448)
AGE	-0.172***	-0.0232***	-0.142***
	(0.0301)	(0.00209)	(0.00464)
C	-24.36***	-3.396***	2.418***
	(4.314)	(0.0223)	(0.0449)

汇率波动与企业行为

续表

变量	(1)	(2)	(3)
	EXPORT	EXP	EXT
δ	7.944***	7.944***	
	(1.314)	(1.314)	
样本观测数	610292	610292	223425

注：括号内的值为稳健标准误。***、**、* 分别表示在1%、5%、10%的显著性水平上显著。

表6-7　　　　汇率波动对高生产率企业出口行为的影响

变量	(1)	(2)	(3)
	EXPORT	EXP	EXT
REER	-0.330***	-0.251***	0.128***
	(0.0941)	(0.00494)	(0.00981)
SCALE	0.128**	0.149***	-0.134***
	(0.0553)	(0.00181)	(0.00364)
PROFIT	-1.808***	-0.890***	0.195***
	(0.342)	(0.0255)	(0.0475)
AGE	0.129***	0.117***	-0.185***
	(0.0437)	(0.00219)	(0.00454)
C	-2.913**	-2.113***	0.777***
	(1.170)	(0.0210)	(0.0433)
δ	1.915***	1.915***	
	(0.502)	(0.502)	
样本观测数	688709	688709	254714

注：括号内的值为稳健标准误。***、**、* 分别表示在1%、5%、10%的显著性水平上显著。

从表6-6和表6-7的估计结果可以发现，从企业出口规模决策来看，低生产率企业和高生产率企业的汇率波动 REER 的参数估计值分别为 -0.634和-0.330，均为负数，并且在1%显著水平下显著。这说明汇率波动对低生产率企业和高生产率企业的出口规模具有负面作用，与全样本的估计结果一致。

从企业出口参与决策来看，低生产率企业和高生产率企业的汇率波动的参数估计值分别为 -0.119、-0.251，均为负数，并且在1%显著水平下显著，表明无论是高生产率企业还是低生产率企业，汇率波动幅度增加会减少企业参与海外市场的意愿。

在 Probit 市场退出模型中，低生产率企业和高生产率企业的实际有效汇率波动的参数估计值分别为 0.0369 和 0.128，均为正，并且在1%显著水平下显著，表明无论是低生产率企业还是高生产率企业，汇率波动会增加企业退出海外市场的概率。

在控制变量方面，无论是低生产率企业还是高生产率企业，企业规模对企业出口规模和出口意愿均是显著的正向促进作用，企业运营年限与企业的出口退出意愿显著负向相关。高生产率企业的企业运营年限变量与企业出口规模和企业出口参与意愿正向相关，与企业出口退出意愿负向相关，而低生产率企业的企业运营年限变量与企业出口规模、企业出口意愿和企业出口退出意愿均负向相关。

（2）汇率波动对企业出口行为的生产率异质性估计结果

为了研究不同生产率企业的出口规模决策、出口参与决策、出口退出决策对汇率波动的敏感度，利用式（6-4）、式（6-5）和式（6-6），引入虚拟变量 $high-tech$，如果属于高生产率企业，$high-tech$ 取值为1，否则为0。

表6-8显示的是采用全样本的不同所有制企业对汇率波动敏感度估计结果。

表6-8　　　不同生产率企业对汇率波动敏感度估计结果

变量	(1)		(2)
	EXPORT	EXP	EXT
REER	-0.550***	-0.124***	0.0788***
	(0.106)	(0.00566)	(0.0108)
$high-tech$	-0.495***	-0.112***	0.146***
	(0.107)	(0.00875)	(0.0155)
$high-tech \times REER$	-0.616***	-0.115***	0.00327
	(0.104)	(0.00748)	(0.0141)
SCALE	0.998***	0.221***	-0.196***
	(0.173)	(0.00137)	(0.00272)

续表

变量	(1)		(2)
	EXPORT	EXP	EXT
PROFIT	-4.933***	-0.970***	0.0167
	(0.797)	(0.0173)	(0.0322)
AGE	0.166***	0.0408***	-0.162***
	(0.0335)	(0.00150)	(0.00323)
C	-16.70***	-2.646***	1.316***
	(2.889)	(0.0150)	(0.0303)
δ	6.709***	6.709***	
	(1.060)	(1.060)	
样本观测数	1299001	1299001	478139

注：括号内的值为稳健标准误。***、**、* 分别表示在1%、5%、10%的显著性水平上显著。

在表6-8中，第（1）列表示基于 Heckman 两步法的出口参与及规模决策模型的估计结果，第（2）列表示市场退出决策 Probit 模型的估计结果。

从表6-8可以发现，从出口参与决策看，汇率波动 REER 和生产率虚拟变量 high-tech 的交互项的估计系数-0.115，为负，在1%的显著水平下显著，表明在企业出口参与决策中，相对于低生产率企业的出口参与意愿对汇率波动的敏感度-0.124，高生产率企业对汇率波动的为-0.239（-0.115-0.124）更加敏感。也就是说，汇率波动对高生产率企业的出口参与意愿的负面冲击更大。

从出口规模决策看，汇率波动 REER 和生产率变量交互项的估计系数为-0.616，在1%的显著水平下显著为负，表明在企业出口规模决策中，相对于低生产率企业的出口规模对汇率波动的敏感度-0.550，高生产率企业对汇率的敏感度-1.166（-0.616-0.550）更加敏感，表明汇率波动对高生产率企业的出口规模产生了更大的负面影响，也就是说，汇率波动使得高生产率企业的出口规模减小的速度快于低生产率的。

从出口退出意愿看，汇率波动变量和生产率变量交互项的估计系数为0.00327，在1%的显著水平下显著为正，表明在企业出口退出决策中，相对于低生产率企业的出口退出意愿对汇率波动的敏感度0.0788，高生产率企业对汇率的敏感度0.08207（0.00327+0.0788）更加敏感，和低生产率企业相比较，汇率波动更能增加高生产率企业退出海外市场的意愿。

就控制变量而言，与全样本回归结果一致，无论是企业出口参与决策还是企业出口规模决策，企业运营年限和企业规模的估计系数都显著为正，说明企业规模越大、企业运营年限越长，企业参与海外出口的意愿越大，其出口规模越大。而在企业退出模型中，企业运营年限和企业规模的估计系数显著为负，说明企业规模越大、企业运营年限越长的企业越不容易退出海外市场。

总体而言，在出口规模决策方面，汇率波动对低生产率企业和高生产率企业均具有负面影响。而在出口参与决策和市场退出意愿方面，相对低生产率企业，汇率波动更容易减少高生产率企业参与海外市场和增加高生产率企业退出海外市场的意愿。这就意味着人民币汇率波动并不能起到淘汰低生产率企业、保留高生产率企业的作用，即没有优化国际贸易的企业结构，反而是淘汰了高生产率企业，降低了国际贸易市场主体的质量。本书提出的假设 H_3 得以验证，换言之，汇率波动对企业出口行为的负面影响存在生产率异质性，并且汇率波动对低生产率企业的负面影响要大于高生产率企业。

究其原因，一方面，在我国大部分低生产率企业从事加工贸易。这些低生产率企业的原材料和最终产品都用外币进行结算，从而能够在一定程度上对冲汇率波动带来的风险，减少汇率波动对企业出口行为的负面影响。而高生产率企业更有可能利用国内的原材料进行加工生产，然后将最终产品进行出口，因此，高生产率企业生产成本和出口产品销售利润以不同的货币计价，从而导致高生产率企业受汇率波动的负面影响更大。另一方面，由于高生产率企业拥有充足的利润空间，所以在汇率波动增加时，可以选择暂时降低海外市场份额，增加国内市场规模，应对汇率波动的加剧。和高生产率企业相比，低生产率企业的利润空间相对较小，特别是在汇率波动加剧时，部分高生产率企业退出海外市场，会加剧国内市场的竞争，而低生产率企业在激烈的国内竞争环境中并不具有优势。因此，低生产率企业更难放弃海外市场利润。

从上述回归估计结果可以看出，企业规模、企业盈利能力和企业运营年限的参数符号都符合理论预期，并且在统计意义下是显著的。本书提出的假设 H_4 得以验证。

6.4 本章小结

本章的实证研究表明，汇率波动对中国企业的出口贸易活动产生了显著的负面冲击。汇率波动不仅表现在企业出口规模减小，而且表现在企业参与出口意愿下降、退出海外市场意愿增强。

从企业异质性看，国有企业、私营企业和外资企业的出口规模都受到汇率波动的负面影响，汇率波动会降低企业参与海外市场的意愿，增加企业退出海外市场的意愿。但对不同所有制企业，敏感度有所差异。在企业出口规模方面，国有企业的出口规模受汇率波动的负面影响高于外资企业和私营企业，外资企业所受影响最小。在企业出口参与决策和市场退出意愿方面，外资企业受汇率波动的敏感度小于国有企业和私营企业，国有企业的敏感度最大。

就企业参与和退出海外市场决策而言，人民币汇率波动对高生产率企业的负面冲击要大于低生产率企业，会减少国际贸易市场中高质量主体的数量，不利于优化国际贸易结构。

第七章 汇率波动对企业价值的影响分析

从本书第四章我国汇率波动现状与企业生产经营特征可知，我国工业企业不断发展壮大，出口贸易逐年增加，营业利润基本呈现上升趋势。但是，营业利润仍有所起伏，意味着存在一些不确定因素对营业利润产生了负面影响，汇率波动的不确定性是其中之一。这是因为随着经济全球化进程不断加深，我国企业的出口贸易不断增加，国内市场与国际市场的关系日益密切，人民币汇率浮动幅度逐步扩大，汇率波动的不确定势必会对我国企业的利润产生影响，进而影响企业价值。

营业利润是工业企业价值的核心，而企业利润又会受汇率波动的影响。多数学者在研究汇率对企业价值的影响方面，大都基于汇率变化和上市公司的与股价相关的指标，普遍认为汇率变动与企业股价呈负相关，少有研究汇率波动程度对企业价值的影响。因此，本章研究汇率波动而非汇率水平变化对企业的影响。旨在回答人民币汇率波动对我国企业价值的影响，不同类型的企业之间是否存在异质性。根据 Jorion（1990）提出的基本模型，考虑到企业异质性会使得汇率波动对企业价值造成的影响有所差别，应当改进模型再进行面板回归分析。首先引入能够体现企业异质性的重要指标作为控制变量，其次引入虚拟变量对全样本企业进行分组，充分反映不同企业所面临的不同内外部资源。

7.1 汇率波动对企业价值影响的内在机理

根据第三章汇率波动对企业价值的理论分析可知，无论是当前从事出口的企业，还是当前不是从事出口的企业，在决定出口之后，企业价值就会受到汇率波动的影响。汇率波动越大，企业价值越小，反之，汇率波动越小，企业价值越大。由此，根据理论分析，本章提出假设 H_1。

假设 H_1：汇率波动不利于企业价值提升。

根据规模效应理论，当企业扩大生产规模时，随着生产成本和管理费用降低，能够得到经济效益的提升，换言之，规模经济能够带来更多的企业价值，有正向影响。全要素生产率反映企业的研发创新能力，总资产周转率反映企业的经营管理能力。研发创新能力越强的企业，拥有更低的生产成本和异质性更强的产品等竞争优势；而经营管理能力越强的企业，能够降低经营管理费用和更迅速地占领市场份额等竞争优势；在市场竞争中具有相对优势的企业，能够获得更多的企业价值。也就是说，全要素生产率和总资产周转率对企业价值有正向影响。据此分析，本章提出假设 H_2。

假设 H_2：企业规模越大或者企业能力越强，企业价值越高。

企业所有制类型不同可能会有不同的内外部资源，比如企业的组织结构不同、所适用的政策和规章不同等，导致应对汇率波动风险的能力也不同，因此汇率波动对不同所有制企业的价值造成的影响也不同。据此分析，本章提出假设 H_3。

假设 H_3：汇率波动对不同所有制企业的企业价值的负面影响程度存在差异。

一方面，汇率波动会通过影响出口企业的出口数量和价格，直接影响出口企业的价值；另一方面，汇率波动可以通过影响国内的市场环境和投资环境，间接影响出口企业和非出口企业的价值。也就是说，汇率波动对出口企业和非出口企业的影响程度应该是不相同的。出口企业因为其出口业务与汇率波动密切相关，因此，相对于非出口企业，将面临更大的汇率风险的冲击。或者说，出口企业将比非出口企业承受更多的汇率波动的负向影响。据此分析，本章提出假设 H_4。

假设 H_4：汇率波动程度对出口企业的企业价值的负向影响比非出口企业的要大。

7.2 汇率波动对企业价值影响的模型构建

7.2.1 模型设定

根据7.1节的理论假设，考虑到除了汇率波动对企业价值的影响之外，其他影响企业营业价值的变量中，存在随个体变化但不随时间变化的变量，如所属行业和地区，也存在随时间和个体变化的变量，如企业规模和能力，因此，构建计量经济模型为式（7-1）：

$$VALUE_{it} = \alpha_0 + \alpha_1 REER_t + \beta X_{it} + \delta Z_i + u_i + \varepsilon_{it} \quad (7-1)$$

其中，$X_{it} = [SCALE_{it}, TFP_{it-1}, TAT_{it}]'$，$Z_i = [INDUSTRY_i, REGION_i]'$；$\beta$ 和 δ 分别为其系数矩阵，$(u_i + \varepsilon_{it})$ 为复合扰动项；下角标 i 表示第 i 个企业，t 表示所测度的第 t 个时期。VALUE 表示企业价值，REER 表示人民币汇率波动，SCALE 为企业规模，TFP 为企业生产和研发能力，TAT 为企业经营和管理能力指标，INDUSTRY 为企业所处行业的虚拟变量，REGION 为企业所处地区的虚拟变量。

基于企业具有不同特质时，汇率波动对企业价值的影响存在差异，需要对模型（7-1）进行改进，以反映汇率波动对企业价值的影响的异质性。类似于第五章，本章采用定性变量 TYPE 来反映企业的不同特质，当属于某一定性状态的某一类别时，TYPE 取值为 1，否则为 0。于是，为了反映不同特质的企业受汇率波动影响的差异，将模型（7-1）拓展为模型（7-2）：

$$VALUE_{it} = \alpha_0 + \alpha_1 REER_t + \alpha_2 TYPE_{it} \times REER + \beta X_{it} + \delta Z_i + u_i + \varepsilon_{it} \quad (7-2)$$

7.2.2 指标选取与数据来源

7.2.2.1 指标选取

（1）汇率波动

本章研究的汇率波动，是指汇率变化的剧烈程度，描述汇率变化的不确定性，而非汇率变化的幅度，不能简单通过差分来测算。本章采用 Ghosal 和 Loungani（2006）的方法测度人民币汇率变化的不确定性，即波动程度。

Ghosal 和 Loungani（2006）在研究投资的不确定性对企业的不同影响时，对变量建立自回归方程，认为样本估计所得残差就是不确定成分，而分时间段算出残差的标准差就能表示该时间段内变量变化的不确定性，并进行了稳健性检验。参照第六章 6.2.3 章节中的汇率波动指标，建立如式（7-3）所示的自回归方程：

$$S_t = \alpha_1 S_{t-1} + \varepsilon_t \quad (7-3)$$

对每年的汇率月度数据进行自回归（使用了该年 12 个月及上年最末 1 个月共 13 个数据），估计而得残差序列 ε_t，并对其求标准差，即为该年的汇率波动程度指标。

汇率波动与企业行为

在样本期间，人民币有效汇率及由式（7-3）估计而得的自回归残差的标准差如图7-1所示。从中可以看出，人民币实际有效汇率在样本期间内，呈现出一定的震荡变化，在2005年之前主要为下降趋势（贬值），而在2005年之后主要为上升趋势（升值）。实际有效汇率波动程度的自回归残差标准差呈现出的特征是：2003年之前汇率波动程度时高时低、有时剧烈有时和缓，2003—2007年维持相对和缓的波动状态，2008年突然达到了最高点，为样本期内波动最剧烈的一年，这可能是全球金融危机造成的，2008年之后，波动程度逐渐放缓，至2013年已达到样本期内最低点。

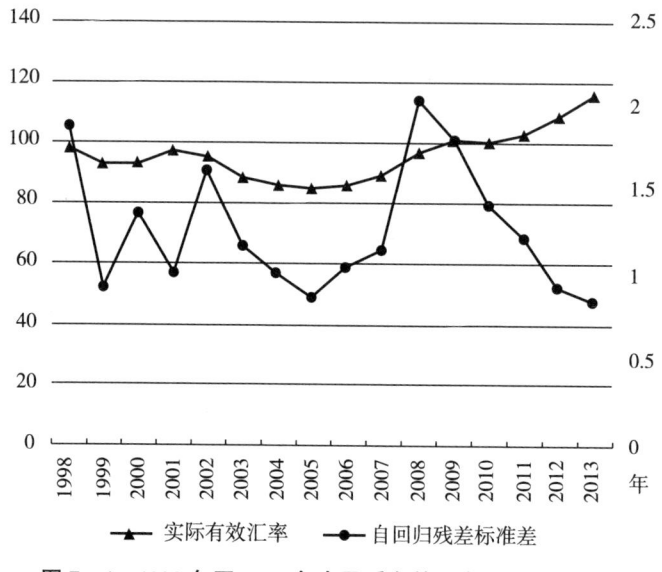

图7-1 1998年至2013年人民币有效汇率及其波动程度

值得注意的是，在2005年以前，人民币汇率波动参照单一货币（美元）进行有管理的浮动变化，实际有效汇率大体上呈现贬值趋势，而汇率波动程度在初期也表现得很不稳定，可能由于前期调控管理不成熟的原因，直到后期才有所缓和。而在2005年改为参照"一篮子"货币以后，实际有效汇率大体呈现升值趋势，且汇率波动程度一直表现得较为和缓，即使2007年放宽了变动幅度限制也没有导致汇率波动发生剧烈变化。2008年作为特殊的结构突变点，汇率波动程度突然变得剧烈，为了应对金融危机我国收窄了汇率变动幅度的限制，此后，汇率波动一直朝着和缓的方向变化靠拢，即使之后我国又数次放宽对汇率变动幅度的限制。从以上分析可知，放宽汇率变动程度并不一定会导致汇率波动加剧，而不适当的调控管理、全球经济环境突变才会导致汇率波动加剧，适应汇率市场供需、推进人民币国际化、适当调控管理等有助于维持汇率和缓波动。

(2) 企业价值

企业价值指标采用企业营业利润来衡量。

(3) 企业规模

第六章与第八章的企业规模指标采用的是企业销售额的对数，但是采取企业销售额对数作为企业规模指标将导致本章的解释变量之间相关系数过大，所以本章不选取企业的销售额对数作为企业规模指标，而是选取企业的资产总额作为企业规模指标。

(4) 管理水平

企业的管理水平采用总资产周转率指标来衡量。

(5) 全要素生产率

根据柯布—道格拉斯生产函数，产出与劳动投入和资本投入的关系如下：

$$Y = AL^{\alpha}K^{\beta} \qquad (7-4)$$

其中，Y 为产出，A 为综合技术水平，L 为劳动投入，K 为资本投入。α 是劳动力的产出弹性，反映了劳动投入对产出的贡献程度，β 是资本的产出弹性，反映了资本投入对产出的贡献程度，而 A 则反映了除劳动和产出投入本身贡献以外的部分，是企业对所投入资源的利用效率，即本章需要测度的全要素生产率。

为了估计全要素生产率，产出以企业的工业总产值（OUTPUT）表示，劳动投入以企业的从业人数（LABOR）表示，资本投入以固定资产净值（FIXED）表示。将式（7-4）取对数并加入随机干扰项 μ，转换为式(7-5) 所示的回归方程：

$$\ln OUTPUT_{it} = A_{it} + \alpha \ln LABOR_{it} + \beta \ln FIXED_{it} + \mu_{it} \qquad (7-5)$$

下角标 i 表示第 i 个企业，t 表示所测度的第 t 个时期，则第 i 个企业在第 t 个时期的全要素生产率为：

$$TFP_{it} = A_{it} + \mu_{it} \qquad (7-6)$$

需要说明的是，用全要素生产率作为企业生产和研发能力的指标需要滞后一期，因为工业产品的生产和研发通常存在较长的周期，所以，生产研发能力的变化对企业价值的影响不会立即体现。建立模型时考虑到其中的滞后效应，采用滞后一期的全要素生产率。

7.2.2.2 数据来源与筛选准则

本章所使用的人民币实际有效汇率月度数据来自国际清算银行（BIS）（以2010年为基期），企业层面年度数据来自中国工业企业数据库，生产者价格指数和固定资产投资指数年度数据来自中国国家统计局，样本覆盖的时间段为2008—2013年。

考虑到本章实证分析的具体需要，对数据进行筛选，与第六章与第八章不同的是，由于本章没有使用从业人员、固定资产合计与工业总产值和固定资产净值等指标，因此，不需要提出这些相关指标。对数据进行如下筛选：（1）销售额、总资产、固定资产合计为负、小于零或缺失；（2）企业雇佣人数小于等于8；（3）企业成立时间在1949年之前或生存年龄小于0以及成立时间无效的企业（开业月份小于1或大于12、开业年份大于统计时所在年份）；（4）企业利润率（营业利润/营业额）超过100%；（5）总资产小于固定资产、总资产小于固定资产净值；（6）营业收入和出口交货值为负；（7）非国有企业主营业务收入低于500万元；（8）营业利润、行业代码、地区代码缺失的样本。

剔除满足上述条件的样本后，为了剔除包含极端值的样本，进行如下处理：剔除销售额、总资产、固定资产净值、固定资产总计、营业收入、营业利润、劳动投入的最大和最小1%的数据。

7.2.3 描述性统计与相关分析

根据筛选准则进行处理后，得到可用的样本超过304万组，根据相关指标的计算方法计算出本章所需要的有关变量的指标。

（1）描述性统计

表7-1给出了与企业盈利能力、生产和研发能力、经营管理水平相关的指标的描述性统计。

表7-1　　　　　　重要指标的描述性统计

指标	样本数	均值	方差	最小值	最大值
营业利润（千万元）	3042777	2.76	7.12	-15.24	96.66
资产总额（千万元）	3042777	32.72	53.61	0.51	1151.80
出口交货值（千万元）	2780723	0.07	0.26	0.00	12.88
全要素生产率	3042777	5.77	0.93	-0.97	10.38
资产周转率	3042777	2.47	3.43	0.00	224.17

从表7-1可以看出，作为企业价值（VALUE）指标的营业利润的最小值为-15.24千万元，最大值为96.66千万元，极差为113.09千万元，平均值为2.76千万元；代表企业规模（SCALE）的企业总资产的最小值为0.51千万元，最大值为1151.8千万元，极差为1151.29千万元，平均值为32.72千万元；从出口交货值看，最大值为10.38千万元，最小值为0；综合判断可以认为企业是以中小企业为主，企业并非都是出口企业。从企业全要素生产率可以看出，最大值10.38，最小值为-0.97，差异明显。另外，从资产周转率看，最大值224.17，最小值为0，差异也是明显的。

从平均值与标准差的比来看，营业利润、资产总额、出口交货值、全要素生产率和资产周转率分别为1.034、4.469、0.137、5.983、1.334，可以看出，相对来讲，差异程度最大的是出口交货值、按由大到小依次为营业利润、资产周转率、资产规模，全要素生产率。

（2）相关性分析

表7-2是企业价值（VALUE）、汇率波动程度（FREER）、企业规模（SCALE）、滞后1期的全要素生产率（TFP）和资产周转率（TAT）相互之间的相关系数。

表7-2　　　　　　　　变量间的相关系数

	VALUE	REER	SCALE	TFP	TAT
VALUE	1.0000				
REER	-0.0974	1.0000			
SCALE	0.3832	-0.1153	1.0000		
TFP	0.3945	-0.0309	0.2128	1.0000	
TAT	0.1746	-0.0077	-0.1872	0.3848	1.0000

由表7-2可以看出，与被解释变量企业价值相关性较强的是企业规模和全要素生产率，相关系数分别为0.3832、0.3945；资产周转率与企业价值之间的相关系数为0.1746，呈现正相关；汇率波动与企业价值相关系数为-0.0974，呈现负相关。汇率波动与企业规模、全要素生产率和资产周转率之间的相关系数分别为-0.1153、-0.0309、-0.0077，尽管都呈现负相关，但相关性较弱。企业生产率和企业资产周转率之间的相关系数为0.3848，呈现正相关。从相关性可以初步预期汇率波动对企业价值有负向影响，企业规模、全要素生产率和资产周转率对企业有正向影响。

7.3 汇率波动对企业价值影响的实证分析

7.3.1 汇率波动对企业价值影响的分析

为了分析汇率波动对企业价值的影响，采用全样本，对模型（7-1）进行估计，估计结果如表7-3所示。为了检验汇率波动对企业价值影响结论的稳健性，在模型（7-1）中逐步引入解释变量，其中，第（1）列仅观测汇率波动对企业价值的影响，第（2）列在观测汇率波动的基础上，加入了企业规模和能力，第（3）列增加了对行业效应的控制，第（4）列增加了对地区效应的控制。

表7-3　　　　　汇率波动对企业价值影响的估计结果

变量	（1）	（2）	（3）	（4）
REER	-0.9793***	-0.4912***	-0.4326***	-0.4327***
	(0.0091)	(0.0095)	(0.0096)	(0.0096)
SCALE		0.0584***	0.0580***	0.0580***
		(0.0001)	(0.0001)	(0.0001)
TFP		2.0262***	1.9984***	1.9984***
		(0.0075)	(0.0075)	(0.0075)
TAT		0.2571***	0.2552***	0.2552***
		(0.0018)	(0.0018)	(0.0018)
个体效应均值	4.0052***	-10.7849***	-10.9504***	-18.3500***
	(0.0120)	(0.0431)	(0.3017)	(3.9715)
行业效应	否	否	是	是
地区效应	否	否	否	是
判定系数 R^2	0.0050	0.2099	0.2118	0.2118
联合检验	通过	通过	通过	通过
固定效应检验	通过	通过	通过	通过
样本观测数	3042777	1966268	1966268	1966268

注：括号内的值为标准误。***、**、*分别表示在1%、5%、10%的显著性水平上显著。

表7-1的第（1）列、第（2）列、第（3）列和第（4）列的估计结果显示，汇率波动对企业价值影响的参数估计值分别为-0.9793、

−0.4912、−0.4326 和 −0.4327，并且在 1% 的显著水平下，显著地异于零，显示汇率波动对企业价值有负面影响，其结论也是稳健的。综合相关分析，验证了本章提出的汇率波动不利于企业价值提升的假设 H_1 成立。

企业规模（SCALE）、滞后 1 期的全要素生产率（TFP）和总资产周转率（TAT）变量后，对应的参数估计值都为正，在 1% 显著水平下显著。同时，相较于与第（1）列，模型的判定系数 R^2 明显提升，拟合优度提高，说明这些变量的确有助于解释企业价值的变化，说明这些重要变量对企业价值有正向影响，企业规模越大，企业价值也越高，同样，包括研发创新能力和经营管理能力的企业能力越强，企业价值也越高。根据这些结论，可以认为假设 H_2 是成立的，企业规模越大或者企业能力越强，企业价值就越高。

控制行业效应后拟合优度有一定提升，但控制地区效应后拟合优度提升不明显，说明汇率波动对企业价值的影响在行业之间存在一定差异，但在地区之间差异不明显。

7.3.2 所有制异质性的汇率波动对企业价值影响的分析

为了比较不同所有制企业的企业价值受汇率波动的影响是否存在差异，与其他章节相同，本书采用引入虚拟变量的方法，以其他企业为参照企业，定义虚拟变量，*state-own*、*private-own* 和 *cooper-own*。其中，当企业为国有企业时，*state-own* 取值为 1，否则为 0；当企业为私营企业时，*private-own* 取值为 1，否则为 0；当企业为外资企业时，*cooper-own* 取值为 1，否则为 0。

对企业所有制进行分类的实证结果如表 7-4 所示，其中，第（1）列是所有可用企业样本用模型（7-2）进行混合回归的结果，第（2）列至第（4）列分别是运用模型（7-1），把国有企业、私营企业和外资企业单独作为子样本的估计结果。

表 7-4　分企业所有制的汇率波动对企业价值影响的估计结果

变量	(1)	(2)	(3)	(4)
REER	−0.7395***	−0.0916***	−0.6989***	−0.4217***
	(0.0136)	(0.0262)	(0.0155)	(0.0321)
$state-own \times REER$	0.3185***			
	(0.0163)			

续表

变量	(1)	(2)	(3)	(4)
$private-own \times REER$	0.2771*** (0.0095)			
$cooper-own \times REER$	0.2717*** (0.0146)			
SCALE	0.0574*** (0.0001)	0.0369*** (0.0003)	0.0631*** (0.0002)	0.0592*** (0.0005)
TFP	1.9529*** (0.0077)	1.1239*** (0.0189)	2.3317*** (0.0131)	1.6733*** (0.0314)
TAT	0.2529*** (0.0018)	0.2497*** (0.0063)	0.2105*** (0.0026)	0.3965*** (0.0075)
个体效应均值	-17.9635*** (3.9701)	-7.1726*** (0.9230)	-17.9177*** (4.2443)	-18.4396*** (3.6933)
行业效应	是	是	是	是
地区效应	是	是	是	是
判定系数 R^2	0.2124	0.1275	0.2048	0.1377
联合检验	通过	通过	通过	通过
固定效应检验	通过	通过	通过	通过
样本观测数	1966268	246420	943403	206452

注：括号内的值为标准误。***、**、*分别表示在1%、5%、10%的显著性水平上显著。

从表7-4的第（1）列的混合回归结果可以看出，汇率波动REER的参数估计值为-0.1388，在1%的显著水平显著异于零且是负的，说明汇率波动对企业价值的提升是不利的。$state-own \times REER$、$private-own \times REER$ 和 $cooper-own \times REER$ 的参数估计值分别为0.3185、0.2771、0.2717，并且在1%显著水平下显著，表明国有企业、私营企业和外资企业受汇率波动的影响存在显著差异。从估计结果可以看出汇率波动每变化1单位，国有企业、私营企业和外资企业的企业价值别下降0.421（-0.7395+0.3185）、0.4624（-0.7395+0.2771）和0.4678（-0.7395+0.2717）单位。这些结果也充分显示汇率波动对企业价值有着负向影响，影响程度按大小排序依次为：外资企业、私营企业、国有企业。

从表7-4的第（2）列、第（3）和第（4）列可以发现，按照国有企业、私营企业和外资企业的子样本估计出的汇率波动 REER 对企业价值影响的参数值分别为 -0.096、-0.6989、-0.4217，再次表明汇率波动对企业价值的影响是负向的。

就控制变量的估计系数而言，与全样本的回归结果一致，企业规模、企业全要素生产率和企业资产周转率的估计系数均显著为正，说明企业规模、企业全要素生产率和企业资产周转率对企业价值有显著促进作用。从表7-4看出，反映企业规模和能力的所有变量的系数符号一致，说明回归结果是稳健的。

总而言之，从分企业所有制类型回归可以得出的结论显示是：企业所有制类型不同，的确会给汇率波动对企业价值的影响也带来差异，验证了汇率波动对不同所有制企业的企业价值的负面影响程度存在差异的假设 H_3 是成立的。

7.3.3 是否出口异质性的汇率波动对企业价值影响的分析

与其他章节一样，为了比较非出口与出口企业的生产率对汇率波动和融资约束的敏感性，本书采用引入虚拟变量的方法，以非出口企业为参照企业，定义虚拟变量 ex，当企业为出口企业时，ex 取值为1，否则为0。

对企业是否出口进行分类实证结果如表7-5所示，其中，第（1）列是所有可用企业样本用模型（7-2）进行混合回归的结果，第（2）列、第（3）列分别是运用模型（7-1），把出口企业和非出口企业单独作为子样本的估计结果。

从表7-5第（1）列的混合回归结果可以看出，汇率波动 REER 的参数估计值为 -0.1388，在1%的显著水平显著异于零且是负的，说明汇率波动对企业价值的提升是不利的。$ex \times REER$ 的参数估计值为 -0.0806，并且在1%显著水平下显著，表明出口企业和非出口企业的企业价值受汇率影响存在差异，对于非出口企业，汇率波动对企业价值的影响的敏感度为 -0.1388，而出口企业为 -0.2294（-0.1388 -0.0806）。因此，无论是非出口企业，还是出口企业，都受到了汇率波动的负面影响，但出口企业受到的影响要大。

由表7-5第（2）列和第（3）列可以看出，汇率波动对非出口企业的企业价值参数估计值是 -0.1562，对出口企业的是 -0.1683，并且在1%显著水平下显著,这也显示汇率波动对企业价值存在负面影响的结果是稳健的。

表7-5 分企业是否出口的汇率波动对企业价值影响的估计结果

变量	(1)	(2)	(3)
$REER$	-0.1388*** (0.0092)	-0.1562*** (0.0103)	-0.1683*** (0.0174)
$ex \times REER$	-0.0806*** (0.0104)		
$SCALE$	0.0556*** (0.0001)	0.0568*** (0.0002)	0.0532*** (0.0002)
TFP	1.6734*** (0.0071)	1.6300*** (0.0081)	1.5480*** (0.0156)
TAT	0.2411*** (0.0017)	0.2097*** (0.0019)	0.3752*** (0.0042)
个体效应均值	-17.4303*** (3.5543)	-14.2598*** (3.6655)	-8.2641*** (2.7645)
行业效应	是	是	是
地区效应	是	是	是
判定系数 R^2	0.1935	0.1808	0.1914
联合检验	通过	通过	通过
固定效应检验	通过	通过	通过
样本观测数	1833257	1322056	511201

注:括号内的值为标准误。***、**、*分别表示在1%、5%、10%的显著性水平上显著。

从表7-5的估计结果可以看出,企业规模($SCALE$)、滞后一期的全要素生产率(TFP)和总资产周转率(TAT)的系数都为正,并且在1%的显著水平下显著地不为零,结果稳健。

综合以上结果可以看出,汇率波动的确对非出口企业和出口企业的企业价值的影响存在差异,验证了本书提出的汇率波动程度对出口企业的企业价值的负向影响比非出口企业的要大的假设 H_4。

7.4 本章小结

运用计量经济学模型的实证研究，本章回答了人民币汇率波动对我国工业企业的企业价值造成了何种影响，同时，回答了这种影响在不同类型的企业之间是否存在差异。

无论从全样本，还是按照企业所有制和企业是否出口的子样本的回归结果来看，在统计意义下，汇率波动对企业价值有负向影响，表明汇率波动程度越剧烈，企业将损失越多的企业价值。

企业规模、全要素生产率和总资产周转率对企业价值有正向影响，表明企业规模越大或者企业能力越强，企业将获得越多的企业价值；企业的生产创新能力对企业价值的影响十分巨大；汇率波动对企业价值的影响在行业之间存在一定差异，但在地区之间差异不明显。

从分企业所有制的回归结果来看，汇率波动对不同所有制企业价值的提升都是不利的，所有制类型不同，汇率波动对企业价值的影响也不同。汇率波动对外资企业的企业价值的负面影响要高于私营企业和国有企业，国有企业的企业价值受汇率波动的负面影响最弱。

从分企业是否出口的回归结果来看：汇率波动对出口企业的负向影响程度比非出口企业的要大。

第八章 汇率波动对企业生产率的影响分析

企业是国民经济的基本生产单元,是社会财富的生产者和流通者,而生产率可以反映企业异质性,是评价企业竞争力强弱的重要指标。生产率的变动一方面来自企业自身的管理水平、技术进步,另一方面来自外部环境的影响。

汇率就是企业在生产经营中面临的重要外部环境之一。人民币实行浮动汇率的汇率改革后,人民币开始了徘徊升值的过程,这一期间,人民币升值对企业造成了持续冲击,虽然人民币也存在贬值的风险,但是相对较小。2014 年,我国经济增速放缓、国际投资者对我国经济增长预期降低,人民币单向升值的趋势发生了改变,当年贬值幅度达 2.4%,是汇改以来首次年度贬值。伴随着人民币国际化,人民币汇率双向波动幅度的扩大,人民币的双向波动成为"新常态",企业在进行投资决策时不仅要考虑升值风险,还要考虑贬值风险,企业外汇避险策略面临着新的考验。研究者和实业界对汇率波动对生产率产生影响会更加关注。

8.1 汇率波动对企业生产率影响的理论假设

8.1.1 汇率对生产率影响的理论机理

汇率波动对生产率影响的传导较为复杂。研究者(Richard 等,2001;Holmes 等,2008;Tang,2009;张德进和王洛林,2012)普遍认为汇率波动对企业生产率的影响的途径有:一是资本要素和劳动要素的配置效应,汇率变化影响进出口产品价格,进出口商品需求发生改变,从而影响利润,于是,企业短期内难以调整固定生产要素投入,只能靠调整可变生产要素来应对,企业会调整资本设备投资和最优劳动比,以实现利润最大化,尽管这样,生产要素配置也无法处于最优,从而影响到企业生产率;二是企业选择效应,汇率波动,特别是长期频繁波动,会使得企业面临汇率的不确定性,进出口风险加大,由于企业竞争效率不同,低生产率的退出出口市场,高生产率企业进入国际市场或继续留在国际市场,也可以通过兼并整合获得更高生产效率,整个产业的生产效率提升,因此,在汇率变化中,由于竞争效应,企业整体生产率会提高;三是规模经济效应,一方面,汇率贬值增加出口企业利润,引致规模扩大,促进生产率提高,另一方面,汇率升值下,企业优胜劣汰,引致企业并购重组,企业规模扩张,生产率提升;四是新技术转化成本效应,汇率升值降低了发明新技术的转化成本,使企业间为占据国际市场竞争,激励企业加大创新力度,提高生产率。

根据以上分析和判断,本章提出假设 H_1。

假设 H_1:汇率波动对企业生产率有影响,影响方向不确定。

通常,狭义的生产率是指技术进步,而技术进步是全要素生产率的主要内容。当汇率变动时,由于企业面临汇率风险,企业管理者的研发(R&D)投入决策可能受到汇率波动的影响,引起技术进步发生变动。

技术进步需要大量的研发经费投入,企业很难完全依靠自有资金来实现,还需要借助外部融资。当市场是完全竞争时,企业外部资本和内部资本可以完全替换,财务状况不会受企业投资行为影响,只要企业预期净现金流为正,就可以融到项目所需资金(Modigliani 和 Miller,1959)。但是,现实活动中,由于信息不对称、委托代理问题等会导致企业外部融资成本高于内部融资成本,因此,产生了融资约束的问题。同时,企业的研发投入具有较高的投入、较高的沉没成本、较低的担保价值,应用时也产生调整成本,以及其他特性等,因此,研发投入融资比固定资本投入融资更加困难。另外,研发投入获得的知识创造过程具有正的经济外部性,投资回报存在不确定性,因而,当企业融资成本较高或者融资困难时,研发投入是企业的次优选择(Czarnitzki 和 Hottenrott,2008)。因此,融资约束问题将导致企业技术进步停滞,生产率增长放缓。

汇率波动与融资能力密切相关,汇率波动会降低企业盈利水平(Aghion 等,2009;宋超和谢一青,2017),因此,企业难以采用成本较低的内部融资,需要依靠外部融资进行技术创新来提高生产率。如果企业外部融资成本过高,则会抑制企业技术进步和生产率提高,反之,企业全要素生产率受汇率波动的影响程度较小。如果企业受到信贷约束,融资约束导致汇率贬值的正面效果无法补偿汇率升值的负面效应。

由此,可以认为汇率波动是对企业的一种流动性冲击,企业技术创新投资会受到汇率风险的影响，流动性不足的企业难以应对汇率波动风险，阻碍了其创新投资。当面对流动性冲击时，企业很难完全依靠自有资金来渡过难关，因而需要借助融资来对应。因此，如果企业受到较少的融资约束，那么，可以通过融资来克服汇率波动的流动性冲击，进行技术创新投资，获得生产率的提升；相反，受融资约束较大的企业则不能够通过融资来进行技术创新，制约了生产率提高。

汇率波动和融资约束通过不同的路径对生产率产生影响，而在两者并存的情况下，又会产生更复杂的结果。在汇率波动加大、企业进出口风险增加时，如果同时存在融资约束，那么对企业来说无疑是雪上加霜，生产率将受到更严重的影响。相反，如果不存在融资约束问题，企业可以通过融资来应对汇率风险，那么汇率波动对企业生产率的影响可能会减弱，甚至被完全规避。

根据以上分析和判断，本章提出假设 H_2。

假设 H_2：汇率波动与融资约束共同作用于企业生产率，对企业生产率有不利影响。

8.1.2 汇率对生产率影响的异质性

不同所有制企业在盈利能力、融资能力和企业生产率等方面存在差异。外商独资企业和中外合资合作企业在全球范围协调生产销售的能力较强，在国际市场上具有竞争优势，能够利用外商的资金和技术，提升企业的生产效率。国有企业一般资金雄厚，在国内具有一定的竞争优势，能够对技术进行有效改造和升级。私营企业虽然灵活性较强，但中国的私营企业往往规模较小，资金和技术实力相对较弱，特别会受到融资约束，在遇到汇率冲击时难以及时调整生产要素，阻碍企业生产率。

因此，根据上述分析，本章提出假设 H_3。

假设 H_3：汇率波动对不同所有制企业生产率的影响存在差异。

一般来说，出口企业面临的汇率风险更大，其生产率更可能受到汇率波动的影响。对于非出口企业，由于其产品在国内销售，因而产品需求受汇率波动的影响较小。但是，随着全球贸易一体化进程的推进，非出口企业与出口企业、外国企业形成更紧密的联系，因此，企业生产率也会间接地受到汇率冲击的影响。

据此，提出研究假设 H_4。

假设 H_4：出口企业的生产率受汇率波动的影响要强于非出口企业。

8.2 汇率波动对企业生产率影响的模型构建

本章通过建立汇率波动、融资约束和企业生产率的面板模型，分别研究汇率波动和融资约束对企业生产率的影响；之后，通过在模型中加入汇率波动与融资约束的交叉项来判断融资约束是否加剧了汇率波动对企业生产率的影响，以及增加流动性是否能够消除企业的汇率风险。

8.2.1 基准计量模型设定

本章研究汇率波动、融资约束对企业生产率的影响，不同企业间存在较大的个体差异，为此，这里选择面板数据模型，不仅可以控制汇率、融资约束等变量对生产率影响的企业个体差异，还可以控制地区和行业效应。基于 8.1 节的理论分析和假设，把基准计量经济模型表示为如（8-1）所示的模型：

$$TFP_{it} = \beta_0 + \beta_1 REER_t + \beta_2 OUTFC_{it} + \beta_3 INFC_{it} + \theta X_{it} + \eta_i + \lambda_t + \varepsilon_{it} \quad (8-1)$$

其中，TFP_{it} 表示企业 i 在第 t 期的全要素生产率，是被解释变量；$REER_t$ 表示第 t 年的汇率波动；$OUTFC_{it}$ 表示企业 i 在第 t 期的外部融资约束；$INFC_{it}$ 表示企业 i 在第 t 期的内部融资约束。除了这些关键解释变量对企业生产率影响之外，还有包括企业规模、盈利能力、资本密集度和管理水平等因素也会对企业生产率产生影响。我国企业普遍存在规模效应，因而企业规模是影响生产率的重要因素。企业盈利能力较强的企业有足够多的资本进行技术研发投入，因而盈利能力上升有助于生产率的提高。企业资本实力也与生产率相关，资本强度高的企业一般属于资本密集型企业，而资本中物化了科学技术，所以资本强度高的企业生产率相对也较高。企业管理水平的提高可以使企业组织生产的效率提高，生产率因此得到提升。因此，X_{it} 是控制变量，表示其他影响企业生产率的因素。η_i 和 λ_t 分别反映个体效应和时间效应，ε_{it} 为随机干扰项。另外，企业生产率在不同行业和地区之间也存在整体性的差异，因此，在模型中也需要对行业效应和地区效应进行控制。

另外，本章还研究缓解融资约束是否能够减少汇率波动对企业生产率的影响，需要在方程中加入融资约束与汇率波动的交叉项，于是，将模型（8-1）改写为模型（8-2）：

$$TFP_{it} = \beta_0 + \beta_1 REER + \beta_2 REER \times Z_{it} + \theta X_{it} + \eta_i + \lambda_t + \varepsilon_{it} \quad (8-2)$$

其中，Z 可以表示为融资约束指标 $OUTFC$ 或 $INFC$。例如，当 Z 为 $OUTFC$ 时，$REER \times Z$ 为外部融资约束与汇率波动的交叉项，如果 β_1 的系数为正，则表明提高外部流动性可以缓解企业面临的汇率风险。

8.2.2 扩展的计量模型

基于企业具有不同特质时，汇率波动对企业生产率的影响存在差异，需要对模型（8-1）和模型（8-2）进行改进，以反映汇率波动对企业生产率影响的异质性。与第五章的模型设定原理相同，在这里采用定性变量 $TYPE$ 来反映企业不同特质对生产率影响的差异。当属于某一定性状态的某一类别时，$TYPE$ 取值为1，否则取值为0。于是，模型（8-1）和模型（8-2）可以分别改写为模型（8-3）和模型（8-4）：

$$TFP_{it} = \beta_0 + \beta_1 REER_t + \beta_2 TYPE_{it} \times REER_t + \beta_3 OUTFC_{it}$$
$$+ \beta_4 INFC_{it} + \theta X_{it} + \eta_i + \lambda_t + \varepsilon_{it} \quad (8-3)$$

$$TFP_{it} = \beta_0 + \beta_1 REER + \beta_2 TYPE \times REER + \beta_3 REER \times Z_{it} + \theta X_{it} + \eta_i + \lambda_t + \varepsilon_{it}$$
$$(8-4)$$

8.2.3 指标选取与数据来源

8.2.3.1 指标选取

（1）企业生产率 TFP

生产率的计算方法有指数法、参数方法、非参方法和半参数方法。非参数方法和指数方法较多用于宏观层面生产率的计算，而最小二乘法在估计企业生产率时存在选择性偏差和联立性偏差。OP 方法采用半参数方法，解决了最小二乘法存在的问题。因此本章的企业生产率仍然采用第三章使用 OP 方法度量的企业层面生产率，该指标在第六章对以生产率划分的高生产率企业和低生产率企业使用过，是企业生产率指标。

（2）汇率波动 $REER$

汇率波动指标同第六章 6.2.3 章节中的汇率波动指标，即采用标准偏差方法计算汇率波动。

（3）融资约束 INFC/OUTFC

本章将企业面临的融资约束分为内部和外部融资约束，变量名分别命名为 INFC 和 OUTFC。内部融资约束指企业因自身现金流动性限制引起的融资困难，这里用企业现金流规模占资产总计的比重表示，其值越小表示企业面临的融资约束越严重；外部融资约束指企业不能够通过银行等金融机构筹集到所需资金，这里用利息支出占固定资产的比重表示，其值越小表示企业面临的外部融资约束越高（阳佳余，2012）。

（4）企业规模 SCALE

同第六章 6.2.3 章节中的企业规模指标，企业规模用销售额的对数表示。规模越大，企业生产率越高。

（5）盈利能力 PROFIT

同第六章 6.2.3 章节中的营业能力指标，企业盈利能力采用营业利润占销售收入的比重表示。企业盈利能力越高，生产率越高。

（6）资本密集度 CAPINT

企业资本密集度采用人均固定资产占有率的对数表示，其值越大表示资本密集度越大，对生产率提高的贡献度越大。

（7）管理水平 MANAGE

企业的管理水平用总资产周转率来表示，其值越大表示管理水平越高，企业生产率也越高。

本章实际有效汇率的数据来自国际清算银行，本章所使用的企业层面的数据来源于国家统计局的《中国工业企业数据库》。参考我国《企业会计准则》（2015）和 Brandt 等（2012）对数据处理的办法，并考虑本章实证分析的具体需要，对数据进行筛选，满足以下任何条件则视为异常值并剔除该组数据：（1）工业总产值、销售额、总资产、固定资产净值、固定资产合计、从业人数为负、小于零或缺失；（2）企业雇佣人数小于等于 8；（3）企业成立时间在 1949 年之前或生存年龄小于 0，以及成立时间无效的企业（开业月份小于 1 或大于 12、开业年份大于统计时所在年份）；（4）企业利润率（营业利润/营业额）超过 100%；（5）总资产小于固定资产、总资产小于固定资产净值；（6）营业收入和出口交货值为负；（7）非国有企业主营业务收入低于 500 万元；（8）营业利润、行业代码、地区代码缺失的样本。

剔除满足上述条件的样本后，为了剔除包含极端值的样本，进行如下处理：剔除销售额、总资产、固定资产净值、固定资产总计、营业收入、营业利润、劳动投入的最大和最小1%的数据。

8.2.3.2 描述性统计

中国工业企业数据库中企业按控股情况分为国有控股、集体控股、私人控股、港澳台控股、外资控股和其他；这里将国有控股和集体控股分为国有企业，私人控股分为私营企业，港澳台控股和外资控股分为外资企业，省略了其他企业。

表 8-1 是按照企业所有制类型把企业划分为国有企业、私营企业、外资企业和其他企业的各个变量的描述统计。

表 8-1　　　　　　　　变量的描述性统计

变量		样本观测数	均值	标准差	最大值	最小值
TFP	所有企业	1694949	5.215	0.873	9.413	-0.956
	国有企业	222803	4.635	1.116	9.112	-0.956
	私营企业	779755	5.392	0.780	9.298	1.778
	外资企业	163970	5.300	0.800	9.413	2.098
OUTFC	所有企业	1694949	0.185	0.297	19.366	-12.766
	国有企业	222803	0.115	0.217	11.409	-2.085
	私营企业	779755	0.244	0.361	19.366	-12.766
	外资企业	163970	0.144	0.223	13.943	-4.094
INFC	所有企业	1666220	0.052	0.159	37.000	-24.519
	国有企业	219906	0.038	0.122	11.646	-2.500
	私营企业	758615	0.062	0.179	21.231	-24.519
	外资企业	160467	0.034	0.194	37.000	-15.491
SCALE	所有企业	1694949	10.312	1.148	14.254	5.112
	国有企业	222803	9.871	1.414	14.254	5.112
	私营企业	779755	10.555	1.086	14.225	6.795
	外资企业	163970	10.700	1.081	14.219	6.842

续表

变量		样本观测数	均值	标准差	最大值	最小值
PROFIT	所有企业	1694949	0.038	0.135	1.000	-32.711
	国有企业	222803	-0.016	0.284	1.000	-32.711
	私营企业	779755	0.056	0.082	1.000	-4.383
	外资企业	163970	0.046	0.102	0.999	-2.885
CAPINT	所有企业	1694949	3.737	1.176	9.413	-2.115
	国有企业	222803	3.924	1.157	9.413	-1.605
	私营企业	779755	3.814	1.158	9.029	-1.598
	外资企业	163970	3.772	1.298	9.342	-2.115
MANAGE	所有企业	1694949	2.341	3.136	224.168	-0.049
	国有企业	222803	1.213	2.238	99.379	-0.049
	私营企业	779755	3.052	3.754	224.168	0.010
	外资企业	163970	1.897	2.398	103.403	0.015
AGE	所有企业	1694949	10.374	11.779	64.000	1.000
	国有企业	222803	20.330	14.810	64.000	1.000
	私营企业	779755	8.516	6.824	64.000	1.000
	外资企业	163970	8.679	5.076	61.000	1.000
REER		15	0.011	0.003	0.018	0.007

资料来源：根据1999—2013年中国工业企业数据库整理。

表8-1给出了实证分析中用到的基本变量的描述性统计结果。从表8-1可以看出私营企业的数量为779755个，远远大于国有企业数222803个和外资企业数163970个，私营企业在所有企业中占比达46%，表明私营企业已成为我国工业中不可或缺的主体。从融资情况来看，私营企业、国有企业和外资企业的内部融资 $INFC$ 分别为0.062、0.038、0.034，外部融资 $OUTFC$ 分别为0.244、0.115、0.144，明显看出私营企业高于国有企业和外资企业。国有企业的平均年龄达20年，远大于私营企业的8.516年和外资企业的8.679年。国有企业的人均资本密度为3.924，在三类企业中也最大。但是，国有企业的经营状况却不如其他两类企业，其平均盈利率为负，其值为-0.016，而私营企业虽然规模不如外资企业大，但平均盈利能力为0.056，超过了外资企业的0.046。最后，私营企业的主营收入与资产总计之比的均值为3.052，高于国有企业的1.213和外资企业的

1.897，意味着私营企业的管理水平远高于国有企业和外资企业。

8.3 汇率波动对企业生产率影响的实证分析

8.3.1 汇率波动对企业生产率影响的分析

（1）解释变量的多重共线性分析

计量经济学中总体回归模型的基本假设是解释变量之间不相关，本章选取影响企业生产率的变量主要是主营收入、利润、资本等指标构建，因而可能存在相关性，导致估计结果不可靠。为此，需要对变量之间的相关性进行检验。

表8-2　　　　　　　变量间的相关系数

	OUTFC	INFC	REER	SCALE	PROFIT	CAPINT	MANAGE
OUTFC	1.000						
INFC	0.029	1.000					
REER	0.010	-0.029	1.000				
CALE	0.246	0.080	-0.095	1.000			
PROFIT	0.326	-0.017	0.029	0.208	1.000		
CAPINT	0.002	-0.120	0.090	0.199	0.037	1.000	
MANAGE	0.613	0.075	0.010	0.295	0.097	-0.201	1.000

表8-2给出了解释变量的相关系数矩阵，可以看出，外部融资约束 OUTFC 和企业管理水平 MANAGE 相关系数为0.613，比较大，除此之外，其他解释变量的相关系数均未超过0.4，相关程度较低，在某种程度上可以认为多重共线性比较弱。

（2）汇率波动对企业生产率影响的估计与分析

汇率波动、融资约束为主要解释变量，在此基础上，把企业规模、盈利能力、资本密集程度、管理水平等控制变量加入回归方程，可以控制其他因素对生产率的影响，使主要研究对象的估计结果更加精确。以模型（8-1）为基础进行回归估计，估计结果如表8-3所示。

表8-3　　汇率波动、融资约束与企业生产率全样本估计结果

变量	(1)	(2)	(3)	(4)	(5)	(6)
$REER$	-6.377*** (-95.05)		-6.236*** (-93.38)	-5.725*** (-83.41)		-5.652*** (-82.89)
$OUTFC$		-0.051*** (-38.95)	-0.052*** (-39.87)		0.089*** (77.26)	0.090*** (78.54)
$INFC$		0.166*** (95.78)	0.167*** (96.63)		0.172*** (97.34)	0.173*** (98.11)
$SCALE$	0.786*** (201.89)	0.785*** (200.68)	0.782*** (199.50)	0.819*** (218.76)	0.809*** (210.13)	0.807*** (210.21)
$PROFIT$	0.167*** (68.45)	0.205*** (79.07)	0.210*** (81.09)	0.161*** (64.24)	0.105*** (40.32)	0.108*** (41.41)
$CAPINT$	-0.081*** (-23.36)	-0.083*** (-248.17)	-0.077*** (-227.68)	-0.096*** (-287.55)	-0.096*** (-288.91)	-0.091*** (-270.12)
$MANAGE$	0.028*** (236.71)	0.030*** (218.65)	0.030*** (222.98)			
行业效应	是	是	是	是	是	是
地区效应	是	是	是	是	是	是
固定效应	是	是	是	是	是	是
判定系数 R^2	0.7558	0.7568	0.7526	0.7310	0.7335	0.7293
样本观测数	1666162	1666162	1666162	1666162	1666162	1666162

注：括号内为 t 值。***、**、*分别表示在1%、5%、10%的显著性水平上显著。

表8-3的第(1)列仅考察汇率波动对生产率的影响；第(2)列仅考察内部融资约束和外部融资约束对生产率的影响；第(3)列综合考察汇率波动和内外部融资约束对生产率的影响；第(4)列至第(6)列分别是第(1)列至第(3)列去除管理水平这项控制变量的回归结果。

由表8-3第(1)列的结果可以看出，汇率波动 $REER$ 的参数估计值为-6.377，并且在1%的显著水平下显著。印证了汇率波动对企业生产率有影响的假设 H_1 成立，汇率波动不利于企业生产率提高。

由表8-3第(2)列的结果可以看出，内部融资约束 $INFC$ 的系数为0.166，并且在1%的显著水平下显著为正，符合预期，表明内部融资约束的改善可以提高企业生产率。第(3)列的汇率波动 $REER$ 的参数估计值为

-6.236，内部融资约束 INFC 的系数为 0.167，并且在 1% 的显著水平下都是显著的，与第（1）列的汇率波动 REER 的系数和第（2）列的内部融资约束 INFC 的系数基本一致，显示汇率波动 REER 和内部融资约束 INFC 的系数较为稳健。但是，第（2）列和第（3）列中，外部融资约束 OUTFC 的系数均为负，分别为 -0.051、-0.052，在 1% 显著水平下显著，并且稳健，但与理论预期不符，系数为负表明外部融资约束与企业生产率的关系为负相关，即外部融资约束增加会使得企业生产率提高。回到表 8-2 的解释变量相关系数矩阵，由此可见，虽然大部分解释变量间的相关系数很低，但是外部融资约束 OUTFC 和企业管理水平 MANAGE 的相关系数却有 0.613，它们之间存在较严重的多重共线性，这可能是导致外部融资约束 OUTFC 的符号与预期不符的原因。为了消除多重共线性，在原模型中剔除了企业管理水平 MANAGE 这一控制变量。删除企业管理水平 MANAGE 这一控制变量后的结果由表 8-3 的第（5）列和第（6）列所示。从表 8-3 的第（5）列和第（6）列的估计结果可以看出，回归结果显示外部融资约束 OUTFC 的系数分别为 0.089、0.090，在 1% 的显著水平下显著为正，与理论预期相符，并且，汇率波动 REER 和内部融资约束 INFC 的系数仍然稳健。

企业规模 SCALE、盈利能力 PROFIT 和资本密集度 CAPINT 这三个控制变量的系数在 6 个回归中均显著不为零，且符号一致。其中，企业规模 SCALE 的参数符号为正，表明我国工业企业中普遍存在规模效应，企业规模扩大有利于促进生产率提高；盈利能力 PROFIT 的参数符号为正，说明盈利能力对企业生产率有正向影响，即盈利强的企业有更充足资金进行科技创新投入，最终提高生产率；资本密集度 CAPINT 的参数符号为负，说明资本投入过多反而不利于生产率提升。

8.3.2 所有制异质性的汇率波动对生产率影响的分析

从表 8-1 描述性统计明显看出，不同所有制企业在生产率、企业盈利、内部融资约束和外部融资约束等方面存在较大差异，汇率波动对生产率的影响也可能存在异质性，而表 8-3 给出的全样本回归结果可能会忽略这种差异。

（1）按不同所有制划分的汇率波动对企业生产率的影响

为了分析汇率波动对不同所有制企业生产率的影响是否存在差异，将全样本分为国有企业、私营企业和外资企业三个子样本进行回归,以观察是否存在异质性。国有企业、私营企业和外资企业的回归结果分别如表8-4第(1)列、第(2)列和第(3)列所示。

表8-4 按企业所有制类型分类的汇率波动对企业生产率的估计结果

变量	(1)	(2)	(3)
REER	-2.719*** (-11.32)	-8.248*** (-88.94)	-13.226*** (-61.71)
OUTFC	0.065*** (13.80)	0.089*** (58.12)	0.066*** (12.04)
INFC	0.147*** (19.01)	0.207*** (83.40)	0.131*** (24.03)
SCALE	0.857*** (69.40)	0.800*** (127.39)	0.780*** (47.62)
PROFIT	0.054*** (13.72)	0.159*** (26.61)	0.212*** (19.24)
CAPINT	-0.081*** (-71.27)	-0.077*** (-151.2)	-0.080*** (-63.87)
行业效应	是	是	是
地区效应	是	是	是
固定效应	是	是	是
判定系数 R^2	0.6903	0.6566	0.5619
样本观测数	219893	758615	160467

注:括号内为 t 值。***、**、*分别表示在1%、5%、10%的显著性水平上显著。

从表8-4的回归结果来看,汇率波动对国有企业、私营企业和外资企业生产率的参数估计值分别为-2.719、-8.248和-13.226,全部为负;内部融资约束INFC的参数估计值分别为0.147、0.207和0.131,全部为正;外部融资约束OUTFC的参数估计值分别为0.065、0.089和0.066,全部为正。这些参数估计值在1%的显著水平下都是显著的,这与全样本回归的估计结果一致,说明无论对国有企业、私营企业还是外资企业,汇率波动加大都会导致企业生产率降低,而融资约束问题的缓解能够促进生产率增长。虽然符号相同,但是不同类型企业的汇率波动和融资约束系数值的大小却相差较大,国有企业汇率波动的系数估计值为-2.719,而外资企业

的系数估计值为 -13.226。虽然回归结果在直观上表明汇率波动对外资企业生产率的负面影响更大,但是三个独立方程中相同指标的系数之间不能直接进行比较。如果要进行横向比较,就需要对 REER 的参数估计值 -2.719、-8.248 和 -13.226 在统计上进行是否相等的检验,如果在统计意义下相等,就可以认为国有企业、私营企业和外资企业的生产率受汇率波动的影响不存在差异。

(2) 比较不同所有制的生产率受汇率波动的差异性

为了比较不同所有制企业的生产率对汇率波动和融资约束的敏感性,本书采用引入虚拟变量的方法,以国有企业为参照企业,定义虚拟变量 private-own 和 cooper-own。其中,当企业为私营企业时,private-own 取值为 1,否则为 0;当企业为外资企业时,cooper-own 取值为 1,否则为 0。

表8-5 企业异质性的汇率波动、融资约束对企业生产率影响估计结果

变量	(1)	(2)	(3)
REER	-1.851*** (-13.40)	-6.566*** (-96.63)	-6.568*** (-94.65)
private-own × REER	-5.346*** (-32.47)		
cooper-own × REER	-10.920*** (-47.09)		
OUTFC	0.091*** (79.21)	0.118*** (60.24)	0.090*** (78.34)
private-own × OUTFC		-0.034*** (-16.32)	
cooper-own × OUTFC		-0.055*** (-13.03)	
INFC	0.170*** (96.53)	0.169*** (96.11)	0.152*** (47.56)
private-own × INFC			0.037*** (9.99)
cooper-own × INFC			-0.033*** (-6.10)

续表

变量	（1）	（2）	（3）
SCALE	0.798*** (199.29)	0.800*** (200.61)	0.800*** (200.50)
PROFIT	0.110*** (42.31)	0.106*** (40.76)	0.109*** (42.21)
CAPINT	-0.092*** (-271.26)	-0.093*** (-273.20)	-0.092*** (-272.89)
行业效应	是	是	是
地区效应	是	是	是
固定效应	是	是	是
判定系数 R^2	0.7250	0.7270	0.7269
样本观测数	1666162	1666162	1666162

注：括号内为 t 值。***、**、*分别表示在1%、5%、10%的显著性水平上显著。

表8-5的第（1）列主要考察不同所有制企业生产率对汇率波动的敏感度，可以通过 REER、private-own×REER 和 cooper-own×REER 的参数估计值反映。REER 的参数估计值为 -1.851，并且在1%显著水平下显著，代表了国有企业生产率对汇率波动反应的敏感度；以国有企业的 -1.851 为比较基准，private-own×REER 的参数估计值为 -5.346，并且在1%显著水平下显著，与 REER 的系数之和为 -7.197（-5.346-1.851），意味着私营企业的生产率对汇率波动的敏感度为 -7.197；与私营企业类似，外资企业的 cooper-own×REER 的参数估计值为 -10.920，并且在1%显著水平下显著，与 REER 的系数之和为 -12.771（-10.920-1.851），意味着外资企业的生产率对汇率波动的敏感度为 -12.771。

因此，从国有企业、私营企业和外资企业的汇率波动对企业生产率影响的参数估计值分别为 -1.851、-7.197 和 -12.771 可以看出，在其他因素保持不变的条件下，国有企业生产率受汇率波动的负面影响最小，私营企业次之，外资企业受到的负面影响最大。一般情况下，国有企业受到中央政府或者地方政府的扶植，有稳定的技术创新投资来源，即使其相对经济效益不高，但是仍然能够承担一定的汇率风险。另外，和外资企业相比，国有企业与私营企业的产品主要以国内市场为主，出口占比不高，汇率波动对国有企业产品需求的影响相对较小，因而资源配置效率受汇率影响也小。外资企业在华设立的根本原因是我国制造成本较低,其产品更多的是出口到其他国家,因而更依赖稳定的外汇市场环境。当汇率波动增大时,其产品出口的风险加大,为了减少风险,他们会减少企业的投资,甚至缩减产量,减少的投资使生产率降低,而规模缩小使得规模效率降低,如果汇率波动持续加大,外资企业可能会退出中国市场。私营企业是我国工业企业不可或缺的主体,没有国有企业的特殊背景,因而受汇率波动的影响大于国有企业,但比外资企业少了很多外贸中间成本,所以承受汇率波动的能力高于外资企业。

表8-5的第(2)列主要考察不同所有制企业生产率对外部融资约束的敏感度。回归结果显示,国有企业生产率对外部融资约束最为敏感。国有企业有政府作为担保,借贷资金较为容易,生产率提高所需的技术创新投入、先进技术设备购置等就会更多地依赖外部融资,因而对外部融资约束较为敏感。相反,私营企业和外资企业在市场中面临着严峻的竞争形势,必须不断提高盈利能力,通过内部融资来满足技术创新投入,因而其生产率对外部融资约束的敏感度没有国有企业高。

表8-5中的第(3)列主要考察不同所有制企业生产率对内部融资约束的敏感度。回归结果显示,不同类型企业的生产率对内部融资约束状况的敏感度与前述结论一致,即国有企业生产率对内部融资约束不敏感,而私营企业生产率却十分依赖内部融资。对私营企业而言,内部融资约束每上升1单位,会导致生产率下降0.189单位。许多研究表明私营企业存在融资难的问题,所以需要开展金融创新,增加融资渠道来改善私营企业融资状况。但是,本章的研究结果显示国有企业和私营企业都存在融资约束,而且国有企业对外部融资更加依赖,所以,不能忽视国有企业的融资状况。

根据以上分析和实证检验,本章提出的汇率波动对不同所有制企业生产率的影响存在显著差异,说明假设 H_3 是成立的,即国有企业生产率受汇率波动的负面影响最小,私营企业次之,外资企业受到的负面影响最大。

8.3.3 是否出口异质性的汇率波动对生产率影响的分析

在实际生产经营活动中,出口企业和非出口企业对汇率波动的敏感度以及对汇率风险的承受能力可能有所不同。首先,汇率对出口企业的作用更为直接,汇率升值使其出口产品价格上升,需求下降,产能利用率不能完全发挥，导致生产率下降。非出口企业受汇率的影响较为间接，绝对的非出口企业甚至完全不受汇率的影响，但现实中，非出口企业也通过各种间接渠道受到汇率波动的影响。一方面，汇率波动影响企业进口中间材料价格，进而影响企业的配置效率，影响企业生产效率；另一方面，汇率波动引起出口企业生产率发生改变，这会改变在国内同一产品市场上出口企业和非出口企业的竞争环境，对非出口企业产品的需求随之发生变化，从而导致非出口企业调整生产策略，最终使得生产率发生变化。

（1）按是否出口的汇率波动对企业生产率的影响

为了研究出口企业与非出口企业生产率对汇率波动的敏感度，首先把全样本分为非出口企业与出口企业两个子样本，然后分别估计汇率波动、融资约束的系数。回归结果如表8-6第（1）列和第（2）列所示。

表8-6 按企业是否出口分类的汇率波动对企业生产率的估计结果

变量	（1）	（2）
$REER$	-3.975*** (-48.38)	-9.060*** (-67.74)
$OUTFC$	0.079*** (59.66)	0.085*** (23.95)
$INFC$	0.150*** (65.66)	0.211*** (58.61)
$SCALE$	0.801*** (167.24)	0.793*** (92.44)
$PROFIT$	0.110*** (38.56)	0.165*** (24.16)
$CAPINT$	-0.095*** (-222.09)	-0.090*** (-128.53)
行业效应	是	是
地区效应	是	是
固定效应	是	是
判定系数 R^2	0.6919	0.6818
样本观测数	1130017	430901

注：括号内为 t 值。***、**、*分别表示在1%、5%、10%的显著性水平上显著。

对非出口企业和出口企业，汇率波动 $REER$ 的参数估计值分别为

汇率波动与企业行为

-3.975、-9.060，外部融资约束 $OUTFC$ 的参数估计值分别为 0.079、0.085，内部融资约束 $INFC$ 的参数估计值分别为 0.150、0.211，并且在 1% 显著水平下显著，其他控制变量估计值都在 1% 显著水平下显著不为零。可以看出，无论是内部融资约束还是外部融资约束均不利于非出口和出口企业生产率的提高；汇率波动 $REER$ 每增加 1 单位，将导致非出口企业生产率下降 3.975 单位，出口企业生产率降低 9.060 单位。虽然从直观上看，汇率波动对出口企业生产率影响更大，但企业所有制的情况类似，由于这两个汇率波动系数在两个独立的方程中，不能直接进行比较。所以，需引入虚拟变量进一步分析汇率波动是否对非出口和出口企业产生不同的影响。

（2）比较非出口和出口企业的生产率受汇率波动的差异性

为了比较非出口与出口企业的生产率对汇率波动和融资约束的敏感性，本书采用引入虚拟变量的方法，以非出口企业为参照企业，定义虚拟变量 ex，当企业为出口企业时，取值为 1，否则为 0。

表 8-7　　汇率波动、融资约束与企业生产率全样本估计结果

变量	（1）	（2）	（3）
$REER$	-3.769^{***} (-46.78)	-5.410^{***} (-78.53)	-5.399^{***} (-78.37)
$ex \times REER$	-5.751^{***} (-39.08)		
$OUTFC$	0.083^{***} (67.72)	0.083^{***} (65.21)	0.083^{***} (67.72)
$ex \times OUTFC$		-0.007^{***} (-2.88)	
$INFC$	0.165^{***} (88.39)	0.165^{***} (88.36)	0.154^{***} (70.52)
$ex \times INFC$			0.036^{***} (9.49)
$SCALE$	0.799^{***} (197.91)	0.800^{***} (197.52)	0.800^{***} (197.58)
$PROFIT$	0.119^{***} (46.11)	0.120^{***} (46.40)	0.120^{***} (46.26)

续表

变量	(1)	(2)	(3)
CAPINT	-0.094*** (-265.44)	-0.094*** (-265.07)	-0.094*** (-265.10)
行业效应	是	是	是
地区效应	是	是	是
固定效应	是	是	是
判定系数 R^2	0.7065	0.7056	0.7055
样本观测数	1560919	1560919	1560919

注：括号内为 t 值。***、**、*分别表示在1％、5％、10％的显著性水平上显著。

表8-7的第（1）列主要考察非出口企业和出口企业生产率对汇率波动的敏感度，可以通过 REER、$ex \times REER$ 的参数估计值反映。REER 的参数估计值为 -3.769，并且在1％显著水平下显著，代表了非出口企业生产率对汇率波动反应的敏感度；以非出口企业的 -3.769 为比较基准，$ex \times REER$ 的参数估计值为 -5.751，并且在1％显著水平下显著，与 REER 的系数之和为 -9.520（-5.751 -3.769），意味着出口企业的生产率对汇率波动的敏感度为 -9.520，表明汇率波动每增加1单位，出口企业生产率受到的负面影响比非出口企业多5.751单位，表明汇率波动对出口企业生产率的冲击更大。

因此，从非出口企业和出口企业的汇率波动对企业生产率影响的参数估计值可以看出，在其他因素保持不变的条件下，非出口企业生产率受汇率波动的负面影响要比出口企业小。

根据以上分析和实证检验，本章提出的汇率波动对非出口和出口企业生产率的影响存在差异假设 H_4 是成立的，相较于非出口企业，出口企业受汇率波动的影响比较大。

类似地，表8-7中的第（2）列主要考察外部融资约束对两类企业生产率影响的差异，$ex \times OUTFC$ 的估计值为 -0.007，表明出口企业生产率受外部融资约束的影响更大，但是这种差异较小。表8-7中的第（3）列主要考察内部融资约束的影响差异，$ex \times INFC$ 的系数为 0.036，表明出口企业生产率受内部融资约束的影响程度更大。工业中出口企业较多的是加工贸易企业，产品周转率是影响其生产率的重要指标，而只有企业具有较充足的现金流，才能够加快产品周转，充分利用生产资源。所以，出口企业受内部融资约束更强,而非出口则更多地依靠外部融资来进行研发投入,以此提高企业生产率。

8.4 增加流动性对缓解企业汇率风险的作用

由本章前面的分析可知汇率波动对企业生产率存在负面影响,而存在内部和外部融资约束也会使企业生产率更加恶化。但从另一个角度也说明缓解融资约束可以遏制企业生产率下降的趋势。

汇率波动对企业来说本质是风险问题,如果汇率升值和贬值的利弊完全冲抵,那么,理想情况下汇率波动对企业不存在明显影响。但实际情况是,由于金融工具不完善,流动性约束使企业很难规避汇率风险,因而汇率会对企业生产率造成冲击。相反,如果企业有足够的流动性,或者能从市场融到资金来应对汇率波动,就可以在一定程度下缓解汇率风险。

8.4.1 增加流动性对缓解企业汇率风险作用的基本分析

(1) 模型的估计和基本分析

为了研究放松融资约束能否缓解汇率波动对企业生产率的影响,在模型(8-1)的基础上,定义了汇率波动与融资约束交叉项,重新把模型设定为式(8-2)所示的模型。采用模型(8-2)的估计结果由表8-8所示。

表8-8　　　　　　　融资约束与企业生产率的估计结果

变量	(1)	(2)	(3)
REER	-7.015*** (-98.31)	-6.304*** (-91.74)	-7.664*** (-106.71)
OUTFC		0.091*** (78.70)	
OUTFC × REER	6.711*** (68.45)		6.707*** (68.33)
INFC	0.173*** (98.12)		

续表

变量	(1)	(2)	(3)
$INFC \times REER$		12.967*** (85.98)	12.944*** (85.76)
$SCALE$	0.808*** (211.87)	0.807*** (210.89)	0.809*** (211.71)
$PROFIT$	0.117*** (45.27)	0.106*** (40.89)	0.116*** (44.82)
$CAPINT$	-0.091*** (-270.33)	-0.092*** (-272.62)	-0.092*** (-272.87)
行业效应	是	是	是
地区效应	是	是	是
固定效应	是	是	是
判定系数 R^2	0.7294	0.7286	0.7287
样本观测数	1666162	1666162	1666162

注：括号内为 t 值。***、**、* 分别表示在1%、5%、10%的显著性水平上显著。

表8-8第（1）所示的交叉项 $OUTFC \times REER$ 的参数估计值为6.711，它反映了外部融资约束与汇率波动对企业生产率的联合影响，且在1%显著水平下显著不为零，结合 $REER$ 的系数 -7.015 可知，汇率波动一个单位会引起企业生产率变化 ($-7.015 + 6.711 OUTFC$) 单位，很明显，汇率波动对企业生产率的影响程度是非线性的，受外部融资约束 $OUTFC$ 的影响。由于 $OUTFC$ 越大，表示受到的外部融资约束越小，因此，改善外部融资约束可以缓解汇率波动对企业生产率的冲击。

同样，表8-8第（2）列估计了内部融资约束与汇率波动对企业生产率的联合影响，其交叉项 $INFC \times REER$ 系数为12.967，且在1%显著水平下显著不为零，类似地，结合 $REER$ 的系数 -6.304，可知企业生产率受单位汇率波动的影响为 ($-6.304 + 12.967 INFC$) 单位，表明增加企业内部流动性也可以减轻汇率波动的负面冲击。

同理，根据第（3）列可知，同时考虑外部和内部融资约束，单位汇率波动对企业生产率的影响为 ($-7.664 + 6.707 OUTFC + 12.944 INFC$) 单位，系数都在1%显著水平下显著，且与外部融资约束和内部融资约束的回归结果一致，表明前述结论稳健。

汇率波动与企业行为

（2）标准化后的影响程度分析

增加外部融资和内部融资都可以缓解汇率波动造成的冲击，但是哪个变量的缓解作用更大？因为表8－8的第（3）列中 $OUTFC \times REER$ 和 $INFC \times REER$ 变量未进行标准化处理，不能够直接通过比较其系数的大小来回答这个问题。为了比较外部和内部融资约束对汇率波动冲击的缓解能力，首先对变量 $OUTFC \times REER$ 和 $INFC \times REER$ 按照下式进行标准化处理：

$$\tilde{X} = \frac{X - \bar{X}}{\sqrt{\mathrm{var}(X)}}$$

然后使用标准化的变量重新回归，估计结果如表8－9中第（1）列所示。

表8－9　　　　　　融资约束与企业生产率的估计结果

变量	(1)
REER	-7.664***
	(-106.71)
$OUTFC \times REER$	0.022***
	(68.33)
$INFC \times REER$	0.023***
	(85.76)
SCALE	0.809***
	(211.71)
PROFIT	0.116***
	(44.82)
CAPINT	-0.092***
	(-272.87)
行业效应	是
地区效应	是
固定效应	是
判定系数 R^2	0.7287
样本观测数	1666162

注：括号内为 t 值。***、**、*分别表示在1%、5%、10%的显著性水平上显著。

标准化后，$OUTFC \times REER$ 的系数为0.022，$INFC \times REER$ 的系数为0.023，可见内部融资缓解汇率波动对企业生产率冲击的程度大于外部融资，但是差异并不明显。

根据以上分析,验证了汇率波动与融资约束共同作用于企业生产率,且对企业生产率有不利影响,本书提出的假设 H_2 成立。汇率波动加上融资约束会恶化企业生产率。

8.4.2 所有制异质性下的缓解融资约束对汇率波动的作用

在前文分析汇率波动、融资约束对企业生产率的影响时,不同所有制企业受到的冲击存在差异。与此类似,企业所有制不同,通过缓解融资约束来减轻汇率波动冲击的效果也可能不一样。因此,在这里将全样本分为国有企业、私营企业和外资企业三个子样本分别进行回归,据此分析不同所有制下改善融资约束状况是否能够帮助企业应对汇率风险。同样地,独立方程分别进行回归,不能够直接横向比较融资约束与汇率波动交叉项系数的大小,以判断不同所有制下改善融资约束状况是否能够帮助企业应对汇率风险。因此,需要采用企业所有制的虚拟变量 $private-own$ 和 $cooper-own$,并构造所有制、融资约束与汇率波动交叉项($OUTFC \times REER$、$INFC \times REER$)的三重交叉项,形成 $private-own \times OUTFC \times REER$、$cooper-own \times OUTFC \times REER$、$private-own \times INFC \times REER$、$cooper-own \times INFC \times REER$,通过比较这些变量的系数来判断企业所有制不同,通过缓解融资约束来减轻汇率波动冲击的效果也可能不同。

不同所有制企业通过缓解融资约束来减轻汇率波动冲击的效果的回归结果如表 8-10 所示。其中,第(1)至第(3)列分别为国有企业、民营企业和外资企业子样本的估计结果,第(4)列是全样本企业引入所有制虚拟变量进行混合回归的估计结果。

表 8-10　企业异质性下的融资约束与企业生产率的估计结果

变量	(1)	(2)	(3)	(4)
$REER$	-3.722*** (-15.01)	-10.720*** (-107.65)	-14.134*** (-62.67)	-7.808*** (-108.65)
$OUTFC \times REER$	0.015*** (11.30)	0.023*** (52.73)	0.014*** (9.78)	0.043*** (68.31)
$private-own \times OUTFC \times REER$				-0.023*** (-35.54)

续表

变量	(1)	(2)	(3)	(4)
$cooper-own \times OUTFC \times REER$				-0.042*** (-36.16)
$INFC \times REER$	0.018*** (15.45)	0.026*** (72.08)	0.017*** (20.47)	0.026*** (48.10)
$private-own \times INFC \times REER$				-0.7×10^{-3} (-1.21)
$cooper-own \times INFC \times REER$				-0.013*** (-15.74)
$SCALE$	0.858*** (70.85)	0.804*** (128.88)	0.782*** (48.88)	0.808*** (211.70)
$PROFIT$	0.056*** (14.19)	0.175*** (29.36)	0.225*** (20.51)	0.109*** (41.61)
$CAPINT$	-0.082*** (-71.80)	-0.078*** (-153.85)	-0.081*** (-64.08)	-0.092*** (-272.07)
行业效应	是	是	是	是
地区效应	是	是	是	是
判定系数 R^2	0.6888	0.6479	0.5611	0.7289
固定效应	是	是	是	是
样本观测数	219893	758615	160467	1666162

注：括号内为 t 值。***、**、*分别表示在1%、5%、10%的显著性水平上显著。

从表8-10的第（1）列可以看出，对于国有企业，$REER$ 的参数估计值为 -3.722，汇率波动与融资约束交互项 $OUTFC \times REER$ 的参数估计值为 0.015，汇率波动与融资约束交互项 $INFC \times REER$ 的参数估计值为 0.018，在1%显著水平下，这些参数和包括控制变量的所有参数都显著异于零，显示国有企业的生产率受汇率波动影响程度取决于内部融资约束和外部融资约束。在其他变量不变条件下，汇率波动 $REER$ 对企业生产率的影响程度为 $-3.722 + 0.015OUTFC$；同样，在其他变量不变条件下，汇率波动 $REER$ 对企业生产率的影响程度为 $-3.722 + 0.018INFC$。也显示出缓解融资约束有助于提升企业生产率。

同样，从表8-10的第（2）列和第（3）列可以看出，汇率波动

$REER$、汇率波动与融资约束交互项 $OUTFC \times REER$、$INFC \times REER$、控制变量均显著不为零。从融资约束的角度看，在其他变量不变条件下，汇率波动 $REER$ 对私营企业和外资企业生产率的影响程度分别为 $-10.720 + 0.023OUTFC$、$-14.720 + 0.014OUTFC$；同样，在其他变量不变条件下，汇率波动 $REER$ 对私营企业和外资企业生产率的影响程度分别为 $-10.720 + 0.026INFC$、$-14.720 + 0.017INFC$。

由于内外部融资与汇率波动交互项已经做过标准化处理，可以直接比较它们系数的大小，三个估计结果中内部融资约束与汇率波动的交互项系数均大于外部融资约束与汇率波动的交互项系数。结合前文分析可知，虽然国有企业、私营企业和外资企业所受到的内外部融资约束状况存在差异，但是对所有企业而言，相比缓解外部融资约束的效果，缓解内部融资约束可以更好地减轻汇率波动对生产率的影响。

表 8-10 第（4）列的回归结果显示，外部融资约束与汇率波动交互项 $OUTFC \times REER$ 的系数值为 0.043，$private-own \times OUTFC \times REER$ 和 $cooper-own \times OUTFC \times REER$ 的系数值分别为 -0.023 和 -0.042，可知国有企业、私营企业和外资企业的外部融资约束与汇率波动交互项 $OUTFC \times REER$ 的系数值分别为 0.043、0.020（0.043 - 0.023）和 0.001（0.043 - 0.042），这表明缓解外部融资约束对减轻国有企业面临的汇率风险效果最好，私营企业次之，外资企业几乎不起作用。

内部融资约束与汇率波动交互项 $INFC \times REER$ 的系数值为 0.026，$private-own \times INFC \times REER$ 的系数值为 -0.7×10^{-3}，但是不显著，表明对私营企业而言，缓解内部融资约束对减轻汇率波动影响的效果与国有企业一致。$cooper-own \times INFC \times REER$ 的系数值为 -0.013，且在1%显著水平下显著，所以，外资企业的内部融资约束与汇率波动交互项 $INFC \times REER$ 的系数值应为 0.013（0.026 - 0.013）。所以，对外资企业而言，缓解外资企业内部融资约束对改善企业汇率风险的作用明显小于国有企业和私营企业。

根据前文分析可知，一方面，融资约束对外资企业生产率的影响最小，因而增加其流动性对缓解汇率风险的效果也最弱；国有企业和私营企业受到较多融资约束，缓解其融资约束产生的效果更加明显。但另一方面，外资企业生产率受汇率波动的影响又最大，因而避免汇率大幅度波动对于外资企业来说意义最大，而当不能避免汇率大幅度波动时，需要找寻其他途径缓解汇率风险。

8.4.3 是否出口异质性下的缓解融资约束对汇率波动的作用

出口企业产品需求直接受到汇率的影响，出口企业的生产率对汇率波动的反应也更为敏感；同时，出口企业生产率对内部融资约束也更为敏感。缓解融资约束状况可以在一定程度上减轻汇率波动对生产率的冲击，但是其对出口企业的效果有待深入研究。

本节将全样本分为出口企业和非出口企业两类子样本，分别估计融资约束与汇率波动的交互项，来判断融资约束对非出口企业和出口企业受汇率波动影响的作用。为了对非出口企业和出口企业的效果进行直接比较，采用虚拟变量 ex 重新构建计量经济模型，并进行估计。回归估计结果如表 8-11 所示。

表 8-11　是否出口下的融资约束与企业生产率的估计结果

变量	(1)	(2)	(3)
$REER$	-5.623*** (-65.04)	-10.658*** (-75.16)	-7.087*** (-97.80)
$OUTFC \times REER$	0.017*** (47.44)	0.018*** (17.66)	0.020*** (56.67)
$ex \times OUTFC \times REER$			-0.004*** (-12.62)
$INFC \times REER$	0.019*** (57.06)	0.030*** (52.42)	0.020*** (62.23)
$ex \times INFC \times REER$			0.007*** (12.87)
$SCALE$	0.804*** (168.03)	0.795*** (92.74)	0.802*** (199.11)
$PROFIT$	0.120*** (42.31)	0.185*** (27.32)	0.131*** (50.79)
$CAPINT$	-0.095*** (-224.15)	-0.091*** (-129.30)	-0.095*** (-267.34)
行业效应	是	是	是
地区效应	是	是	是

续表

变量	(1)	(2)	(3)
固定效应	是	是	是
判定系数 R^2	0.6904	0.6811	0.7045
样本观测数	1130017	430901	1560919

注：括号内为 t 值。***、**、*分别表示在1%、5%、10%的显著性水平上显著。

8.5 本章小结

企业生产率的进步不仅需要依靠企业提高自身管理水平，进行技术创新，还需要良好的外部市场环境。自2008年美国次贷危机以来，汇率波动加大、流动性短缺成为制约企业生产率提升的外部环境因素。

本章基于1999—2013年中国工业企业数据库的微观数据，通过实证研究了汇率波动、融资约束与企业生产率的关系，结果表明汇率波动、融资约束均对企业生产率产生负面影响。按企业所有制分组的回归结果显示，国有企业生产率受汇率波动的负面影响最小，私营企业次之，外资企业受到的负面影响最大。从融资情况来看，国有企业生产率对融资约束最为敏感，私营企业和外资企业生产率受融资约束影响的敏感度较低。汇率波动增加使出口企业出口风险上升，产品需求和企业利润发生变化，企业随之调整技术创新投入，最终影响生产率。因此，汇率波动对出口企业的作用更为直接，影响程度也更大，而非出口企业受汇率的影响则较为间接。

汇率波动、融资约束除了独立引起企业生产率下降外，在汇率波动加剧时，如果同时存在融资约束的问题，将造成企业生产率进一步恶化。另外，这也说明增加企业流动性可以缓和汇率波动对企业生产率造成的冲击。并且，缓解融资约束对减轻国有企业面临的汇率风险的效果最好，私营企业次之，但对外资企业几乎不起作用。对于非出口企业，改善其外部融资约束可以更好地减轻汇率波动的风险；对于出口企业，增加其内部流动性的效果更好。

第九章 主要结论与启示

改革开放以来,随着市场经济的不断深化和全球化的推进,人民币汇率形成机制发生了显著变化。自1994年实行浮动汇率制度以来,根据国内外经济形势,我国汇率制度经过了多次调整。另外,2001年加入世界贸易组织后,我国对外直接投资速度加快,已成为资本净输出国。我国企业"走出去"战略是我国经济发展的必然选择,也是实现产业转型升级,推动供给侧改革,提高核心竞争力的客观需要。企业在"走出去"战略中,面临国内外各种因素的影响,比如政治、经济、法律等各种风险,其中汇率风险是最重要的经济风险因素,汇率波动是我国企业"走出去"不可忽视的风险。因此,研究汇率波动对我国企业微观效应影响具有重要意义。

9.1 研究结论

本书以人民币汇率波动的现实背景和汇率波动对经济影响的研究现状为基础,借助前人理论研究,并结合中国国情,从微观层面分析汇率波动对企业影响的传导机制,并且以中国工业企业为研究对象,把汇率传递和汇率波动对企业出口行为、企业价值和企业生产率的影响纳入一个整体框架,从企业视角深入研究人民币汇率波动的微观效应,即采用计量分析方法,实证分析和检验了人民币汇率波动对出口商品价格、企业出口行为、企业价值和企业生产率的影响,探究了影响的路径和程度,并且得出以下主要结论。

(1) 汇率波动对企业出口价格具有显著影响,汇率传递具有不完全性。

本书以中国海关数据为样本,实证检验了汇率波动对企业出口价格的影响及其汇率传递效应,并且分析了汇率波动对企业出口价格的异质性影响。

无论从企业层面、企业—产品层面,还是企业—产品—出口目的地层面来看，汇率变化对出口价格有显著的正向影响，即人民币实际汇率升值会显著降低以本币表示的企业出口价格。但是汇率传递具有不完全性，尤其是以外币计价的商品价格传导程度较高。

从所有制来看，不同所有制企业的汇率传递呈现异质性，汇率传递率由大到小依次为国有企业、私营企业、中外合资合作企业、外商独资企业。从依市定价能力来看，外商独资企业的依市定价能力最强，其次是中外合资合作企业、私营企业，国有企业最弱。因为外商独资企业大多为跨国公司，在国际市场上具有较强的协调生产和销售能力，能够根据汇率变化对价格进行有效调整；中外合资合作企业充分利用外商的资金和技术，加之国内较好的生产要素，在国际市场具有较强的竞争优势，能够对价格做出调整，应对汇率变化；私营企业虽然灵活性强，但规模较小，资金和技术实力较弱，面对汇率冲击时，价格调整能力较弱；国有企业资金雄厚，能够对技术进行改进和提升，在国内具有竞争力，为参与海外市场提供了一定优势，但国有企业的灵活性要弱于其他类型的企业，出口产品价格对汇率变化的反应不太敏感。

从贸易方式来看，从事一般贸易比从事加工贸易的企业更具有价格汇率弹性，汇率传递率更低，依市定价能力更强。加工贸易是利用本国生产技术和水平，把进口原料、材料等加工为成品后再出口，获得外汇体现的附加值，但加工贸易中的产品多为标准化产品，替代品多，国际市场竞争压力大。同时，加工贸易呈现两头在外的贸易方式，汇率变化既影响出口产品价格也影响原料价格，相互抵销。还有，加工贸易企业的出口目的地市场份额相对稳定。因此，加工贸易的出口汇率传递率较低。从事一般贸易的企业基本是利用本国的原材料，汇率变化对企业的产品成本不会造成多大影响，但会直接影响出口产品收益，当汇率波动较大对企业不利时，企业就会调整以外币表示的出口价格，出口汇率传递率表现为较高。

（2）汇率波动越大，企业参与海外市场的意愿越弱，企业出口规模越小。

本书首先采用实物期权定价模型从理论上分析了汇率波动对企业出口行为的影响，然后利用中国工业企业数据，通过构建计量模型实证分析了汇率波动对企业参与海外市场意愿和规模的影响，并且考虑了企业异质性。

理论与实证结果显示，汇率波动越大，企业参与海外市场的意愿越不强烈，出口数量也会越少。同时，对于已经参与海外市场的企业而言，退出海外市场的意愿会增强。因此，可以说明汇率波动对企业的出口行为产生了消极影响。

另外，汇率波动对企业出口行为的影响存在异质性。就企业所有制而言，尽管汇率波动对所有类型企业都有不利影响，但国有企业不参与海外市场或退出海外市场的意愿要比私营企业和外资企业强，外资企业的这种意愿最弱。同样，汇率波动对出口规模影响的敏感度由大到小也是如此。外资企业主要参与国际市场，具有应对汇率变化的能力和手段，能够有效缓解汇率波动的负面效应；私营企业经营灵活，能够对汇率波动做出及时反应，选择参与和退出海外市场，特别是在汇率波动幅度大时；而国有企业经营政策约束较多，经营大都不够灵活，即使汇率剧烈波动，也较难及时采取有效应对汇率风险的措施。

从企业生产率高低来看，汇率波动频繁和幅度扩大使得企业面临的风险增加，对高生产率和低生产率企业参与国际市场的意愿均有显著的负面影响，且高生产率企业比低生产率企业更不愿意参与国际市场；在汇率波动对企业出口规模的影响上，高生产率企业并没有因汇率波动过大而降低出口规模，而低生产率企业会随着汇率波动的加剧降低出口规模。

（3）汇率波动越大，企业价值越小。

本书也采用实物期权定价理论和计量模型分析了汇率波动对企业价值的影响。理论和实证检验均认为汇率波动对企业价值的呈负向影响，即汇率波动越剧烈，企业损失利润越多，说明汇率波动频率和波动幅度越大，企业面临的汇率风险上升，产品需求会发生变化，影响企业利润。

同样，汇率波动对企业价值的影响具有异质性。从企业所有制看，尽管汇率波动对不同所有制的企业价值都呈现不利影响，但影响程度存在差异。汇率波动对私营企业的企业价值影响最大，其次是外商投资企业，影响最弱的则是国有企业。企业所有制不同，面临的内外部资源也不同，国际市场的竞争力也有差异，应对汇率风险的能力也不同，所以，汇率波动对不同所有制企业的利润造成的影响也不同。另外，汇率波动对企业价值的影响在行业间存在差异，地区间的差异不明显。

（4）汇率波动越大，企业生产率越低。

本书首先测度了我国工业企业的生产率，在此基础上，采用计量模型实证分析了汇率波动对企业生产率的影响，其结果与汇率波动对企业价值的影响效果大致相同，即汇率波动增大，企业面临的汇率风险上升，产品需求和企业利润会发生变化，不确定性增大，影响企业技术投资选择，随之企业会调整技术创新投入，影响到生产效率，引起生产率下降。

汇率波动对企业生产率的影响也存在异质性。企业生产率不仅依赖于企业自身管理水平和技术创新，也受外部市场环境约束。从受到汇率波动的外部冲击看，汇率波动对不同所有制企业的影响都呈现负面效果，但存在差异。国有企业生产率受汇率波动的负面影响最小，外资企业的最大，私营企业则介于两者之间。汇率频繁波动使企业面临的汇率风险加大，出口规模下降，利润减少，企业价值下降，影响企业的决策，特别是影响企业创新投入，进而影响企业生产率。

总之，从基于企业视角研究汇率波动的微观效应的结论，明显可以看出，汇率波动对企业的影响基本上呈现不利影响。无论是定价能力，还是企业参与国际市场行为决策、企业价值和企业生产率，不同所有制对汇率的反应存在差异，具有异质性。因此，要把汇率波动对企业的负面影响降到最低，使企业融入经济全球化体系中，不仅要保证出口数量的稳步增长，还要增强企业在国际市场中的竞争力。优化国际贸易结构，提高国际市场中高质量主体数量，不仅体现在产品质量上，还要体现在企业质量上。

9.2 启示与建议

9.2.1 基于企业自身的视角

企业是汇率波动的直接冲击对象，根据前文的理论分析和实证研究，汇率波动会对企业出口定价能力、企业出口参与决策、企业出口规模、企业价值、企业生产率等方面产生负面影响。从企业自身角度来看，企业要充分发挥主观能动性，采取各种措施应对汇率波动带来的负面冲击。

（1）关注汇率走势，进行理性预期，适当使用金融衍生工具规避汇率波动风险。

比较常见的就是使用金融衍生工具，通过金融衍生工具来锁定企业的进口原料的成本和出口商品的收益，降低企业面临的风险。企业自身要积极关注汇率走势，理性预期未来汇率波动趋势，同时结合企业自身汇率风险暴露程度，采取合适的金融衍生工具应对汇率风险，来规避汇率波动带来的负面冲击。企业在应对汇率波动带来的风险中，可以采取多种金融衍

汇率波动与企业行为

生工具规避风险：最常用的手段就是采取人民币远期外汇交易和远期外汇买卖，即期外汇交易或者远期结售汇，企业通过事先约定交易币种、时间、金额和汇率等交易条件在到期日才进行实际交割，企业可以结合自身资金状况，在实际操作过程中灵活选择交割时间，规避汇率波动带来的风险。此外，外汇期权也是企业规避汇率波动风险的重要手段，企业通过外汇期权合同，以一定的期权费为代价，根据市场汇率的变化，在期权合约有利时选择执行期权，也可以在期权合约规定的利率不如市场利率时选择不履行期权合约。在合同中采取签订保值条款也是进出口企业常用的规避汇率波动风险的方法，在企业签订合同时，首先确定交易合同的计价货币，然后选择一种货币或者一系列货币作为保值货币，并在交易合同中明确计价货币和保值货币间的汇率，在实际交付时，如果计价货币的汇率与合同中规定的汇率不同，则可以根据合同内容调整交付金额，从而规避汇率波动带来的风险。

(2) 采用多种货币组合的结算方式规避汇率波动带来的风险。

采用多种货币组合的结算方式，也可以帮助企业分散汇率波动加剧带来的冲击。2005年，我国进行了汇率改革，使人民币汇率盯住一篮子货币而不是单一货币美元。类似地，企业也可以采取这种手段。首先，由于采用多种货币组合，汇率波动的风险有所分散。其次，多种货币的汇率波动可能会发生部分抵销，减少整体的波动幅度。总之，当组合中某种货币的汇率波动幅度增加，货币组合的整体风险增加幅度应该相对较少。

(3) 在签订原料进口或产品出口交易合同时，通过谈判争取采用人民币进行结算。

企业在签订原材料进口合同与产品出口销售合同时，应尽量扩大用人民币结算的份额。归根到底，汇率波动加剧对企业产生的风险，很大一部分来自企业原材料成本和出口产品利润的结算货币不是人民币而带来的汇率差的变化。如果企业能够在成本和收益两端都选择使用本国货币结算，则会大大降低汇率波动对企业的负面冲击。

(4) 加强研发创新投资，提高产品的附加值，摆脱国际竞争中的价格依赖。

值得注意的是，短期措施只能暂时降低汇率波动对企业的负面冲击，并不能从根本上解决问题。从长远来看，企业要降低汇率波动带来负面冲击，需要不断提高自身产品的国际竞争力，提升企业在国际市场中的话语权。这就需要企业不断调整产业结构,通过先进技术设备的购买和新技术研发的投资,提升企业产品的技术含量,促进产品质量的提升,形成竞争优势,增加产品的附加值,化解因汇率波动给企业价值带来的负面影响。只有这样,最终,企业不仅能够提升议价能力,摆脱国际竞争中的价格依赖,还能够在国际市场中扩大份额,获取更多的经济利益。

(5) 合理规划企业战略,分散汇率波动风险。

随着人民币汇率波动双向浮动趋势的加剧,企业面临的汇率波动风险也不断增大。企业要提升自身汇率风险意识,合理规划企业战略布局,降低汇率波动带来的不良冲击。在实际操作中,企业可以采取进出口相抵的方式,如果企业对一国既有进口又有出口,那么可以减少一国出口收到的实际外汇,从而降低汇率波动给企业带来的风险。

9.2.2 基于外部环境视角

从外部环境角度来看,政府能够通过不同手段帮助企业应对汇率波动的冲击,保证国民经济稳定发展。政府在帮助企业应对汇率波动风险方面也起到至关重要的作用。

的确,汇率波动对企业的出口意愿和出口规模产生了冲击,因国内企业适应国际市场出口产品价格受汇率变化的调整能力较弱,影响了企业价值,对企业的生产率造成了不利影响,也影响了经济正外部性效果。对此,在这种情况下,政府要发挥市场无法做到的政府职能,化解汇率波动对企业的消极影响,推动经济稳定发展。

(1) 完善外汇市场的建设和监管,为出口企业提供多样化的避险渠道。

目前,我国外汇市场发展不够成熟,企业能够选择的外汇产品不够丰富。政府可以加快我国外汇市场的建设,增加我国外汇市场的产品种类,同时加强对外汇市场的监管,为出口企业规避汇率波动风险提供更加安全且多样化的选择。

(2) 加快推进人民币国际化进程,提升人民币作为结算货币的国际认可度。

对于出口企业而言,主要的出口结算货币不是人民币,是企业遭受汇率波动风险的主要原因之一。政府应当加快推进人民币国际化进程,不断扩大人民币的国际影响力,使人民币在出口结算货币上面占据主导地位,保持汇率的稳定,帮助企业降低汇率波动风险。

(3) 对重要战略行业和民族支柱品牌的企业加大扶持力度,适当给予风险补贴。

在出口企业中,部分企业处于重要的战略位置,争夺出口市场更重要的目的是满足国家战略发展的需要。同时,部分民族品牌企业,有良好的前景可以成为我国民族产业支撑。政府对于这两类企业可以加大扶持,甚至给予适当的汇率风险补贴,以保证其国际竞争力。

(4) 在危机时刻通过财政进行宏观调控,避免汇率波动产生巨大的系统性风险。

在汇率波动十分剧烈,可能对国民经济造成巨大影响时,政府可以通过财政进行宏观调控,帮助企业平稳渡过危机,以避免系统性风险爆发。

9.3 研究不足与展望

由于多种因素的限制,本研究在以下几个方面存在不足:

(1) 数据时效性。

由于数据限制,本书在第五章实证分析中仅采用了2000—2013年的中国海关数据,第六、第七和第八章仅采用了1998—2013年中国工业企业数据,缺乏2014—2018年中国海关数据和2014—2018年中国工业企业数据,在此期间,国内外经济形势发生了较大变化,研究结果是否符合目前经济发展状况,需要进一步研究。

(2) 本书并没有检验企业通过何种方式应对汇率波动更加有效。

本书利用中国海关数据和中国工业企业数据,检验了汇率波动对企业出口价格、出口行为、企业价值与企业生产率的影响,并分析了企业异质性。但是并没有深入检验企业通过何种方式应对汇率波动的冲击更加有效。

(3) 本书没有考虑汇率波动对企业影响的门槛效应。

本书从微观企业层面上分析了汇率波动的微观效应,包括对企业出口价格、企业出口行为、企业价值与企业生产率等方面,在实证分析过程中采用多元回归方法,但是并没有考虑汇率波动的门槛效应,即不同的汇率波动幅度,对企业各方面的影响可能不同。

基于以上研究的不足,以下几个方面有待进一步研究。

第九章 主要结论与启示

（1）进一步分析汇率波动对企业其他微观特征的影响。

本书仅研究了汇率波动对企业出口价格、出口行为、企业价值和企业生产率方面的影响，但是对企业战略管理、产品规划、国内产品价格等方面有无影响需要进一步分析。

（2）检验企业采取何种方式应对汇率波动更加有效。

本书研究显示，汇率波动对企业出口价格、出口行为、企业价值和企业生产率存在显著的影响。面对汇率波动的影响，企业采取何种方式应对，哪种方式更加有效值得深入研究。

（3）采用门槛模型分析汇率波动对企业微观层面的影响。

在进一步研究中，需要通过构建面板门槛模型，通过数据特征划分不同的门槛值，检验不同门槛水平上汇率波动对企业影响的微观效应，从而能够分析汇率波动对企业更微观的影响。

参考文献

[1] 毕玉江,朱钟棣. 人民币汇率变动对中国商品出口价格的传递效应 [J]. 世界经济,2007,30 (5): 3-15.

[2] 曹伟,左杨. 人民币汇率水平变化、汇率波动幅度对进口贸易的影响——基于省际面板数据的研究 [J]. 国际贸易问题,2014 (7): 42-52.

[3] 陈六傅,钱学锋,刘厚俊. 人民币实际汇率波动风险对我国各类企业出口的影响 [J]. 数量经济技术经济研究,2007 (7): 81-88.

[4] 陈婷,向训勇. 人民币汇率与中国出口的二元边际:基于多产品企业的研究视角 [J]. 国际贸易问题,2015 (8): 168-176.

[5] 陈婷. 汇率波动对区域出口的影响——基于异质性企业视角 [J]. 经济经纬,2014 (5): 56-61.

[6] 陈婷. 人民币汇率对多产品企业出口的影响 [J]. 世界经济研究,2015 (1): 48-55+127-128.

[7] 陈晓珊,袁申国. 汇率"急跌缓升"与企业生存能力——基于人民币"新常态"与异质性视角的实证研究 [J]. 国际贸易问题,2016 (6): 155-166.

[8] 陈占强. 汇率与公司利润 [J]. 系统工程理论与实践,1998 (10): 137-141.

[9] 褚晓飞. 人民币汇率波动对上市公司财务绩效影响的实证分析——基于跨国经营企业的实证分析 [J]. 理论与现代化,2010 (5): 61-65.

[10] 戴觅,徐建炜,施炳展. 人民币汇率冲击与制造业就业——来自企业数据的经验证据 [J]. 管理世界,2013 (11): 14-27+38+187.

[11] 杜江,宋跃刚,袁昌菊. 中日地方间合作与经贸发展——来自四川省和广岛县的证据 [J]. 现代日本经济,2015 (1): 55-64.

[12] 杜江,宋跃刚. 知识资本、OFDI逆向技术溢出与企业技术创新——基于全球价值链视角 [J]. 科技管理研究,2015,35 (21): 25-30.

[13] 杜江,宋跃刚. 制度距离、要素禀赋与我国 OFDI 区位选择偏好——基于动态面板数据模型的实证研究 [J]. 世界经济研究,2014 (12):47-52+85.

[14] 杜江,魏文博,朱莉. 经济增长、碳交易与环境污染:基于省级空间面板数据的证据 [J]. 国土资源科技管理,2017,34 (3):15-22.

[15] 杜江,杨文溥. 基于面板随机前沿模型的 R&D 对工业行业生产率影响研究 [J]. 统计与决策,2016 (15):133-137.

[16] 杜江,杨文溥. 制度环境与我国地区工业生产效率分析——基于面板随机前沿模型 [J]. 宏观质量研究,2016,4 (2):17-27.

[17] 杜江,袁昌菊,宋跃刚. 对外直接投资提升了日本制造业的国际分工地位吗 [J]. 现代日本经济,2017,(1):1-14.

[18] 杜江,张伟科,葛尧. 产业集聚对区域技术创新影响的双重特征分析 [J]. 软科学,2017,31 (11):1-5.

[19] 封福育. 人民币汇率波动对出口贸易的不对称影响——基于门限回归模型经验分析 [J]. 世界经济文汇,2010 (2):24-32.

[20] 高扬. 我国外汇市场微观组织结构选择研究 [J]. 北京工商大学学报 (社会科学版),2005,20 (5):12-17.

[21] 谷任,张卫国. 中国进出口上市企业外汇风险暴露的动态测量与决定因素 [J]. 管理世界,2012 (12):171-172.

[22] 谷任,朱琳慧. 汇率波动对企业价值的线性与非线性影响——基于两种非线性效应的研究视角 [J]. 国际贸易问题,2016 (11):154-164.

[23] 谷宇,高铁梅. 人民币汇率波动性对中国进出口影响的分析 [J]. 世界经济,2007 (10):49-57.

[24] 顾国达,张正荣,张钱江. 汇率波动、出口结构与贸易福利——基于要素流动与世界经济失衡的分析 [J]. 世界经济研究,2007 (2):3-8.

[25] 郭飞. 外汇风险对冲和公司价值:基于中国跨国公司的实证研究 [J]. 经济研究,2012 (9):18-31.

[26] 何砚. 人民币汇率、企业创新与企业生存 [J]. 国际经贸探索,2017,33 (6):51-68.

[27] 金雪军,陈雪. 人民币汇率风险溢价波动的状态转换研究 [J]. 浙江大学学报 (人文社会科学版),2011,41 (5):188-199.

[28] 李广众，Lan P. Voon. 实际汇率错位、汇率波动性及其对制造业出口贸易影响的实证分析：1978—1998年平行数据研究 [J]. 管理世界，2004 (11)：22-28.

[29] 李宏彬，马弘，熊艳艳，等. 人民币汇率对企业进出口贸易的影响——来自中国企业的实证研究 [J]. 金融研究，2011 (2)：1-16.

[30] 李腊生，高书丽. 人民币实际汇率波动、汇率错位对中国制造业出口的影响 [J]. 当代财经，2012 (11)：90-100.

[31] 李向前. 企业价值研究 [D]. 吉林大学，2005.

[32] 李小萌，陈建先，师磊. 人民币汇率变动对中国OFDI的影响——以对东盟十国投资为例 [J]. 国际商务（对外经济贸易大学学报），2017 (3)：114-123.

[33] 梁中华，余淼杰. 人民币升值与中国出口企业盈利能力——基于面板数据的实证分析 [J]. 金融研究，2014 (7)：1-15.

[34] 刘敏. 汇率水平、波动及预期对我国吸收外商直接投资的影响分析 [J]. 经济问题探索，2013 (10)：94-99.

[35] 刘啟仁，黄建忠. 人民币汇率、依市场定价与资源配置效率 [J]. 经济研究，2016，51 (12)：18-31.

[36] 刘啟仁，黄建忠. 人民币汇率变动与出口企业研发 [J]. 金融研究，2017 (8)：19-34.

[37] 刘啟仁. 基于频域的汇率非对称传递研究 [J]. 统计研究，2013，30 (11)：68-76.

[38] 刘思跃，杨丹. 汇率变动、外汇风险暴露与上市公司价值——基于制造业行业的实证分析 [J]. 证券市场导报，2010 (10)：46-51+58.

[39] 刘竹青，盛丹. 人民币汇率、成本加成率分布与我国制造业的资源配置 [J]. 金融研究，2017 (7)：1-15.

[40] 卢之旺. 人民币汇率波动对出口企业经营状况的影响研究 [J]. 宏观经济研究，2015 (3)：38-49.

[41] 逯宇铎，宋倩倩，陈阵. 汇率变动对中国企业全球价值链嵌入程度的影响——基于中国电子及通信设备制造业的实证研究 [J]. 国际经贸探索，2017，33 (6)：69-84.

[42] 罗航，江春. 人民币新汇率形成机制下的上市公司外汇风险暴露 [J]. 中南财经政法大学学报，2007 (4)：78-81.

[43] 潘家栋. 人民币汇率变动对我国出口贸易的影响研究 [D]. 浙江大学, 2017.

[44] 邱立成, 刘文军. 人民币汇率水平的高低与波动对外国直接投资的影响 [J]. 经济科学, 2006 (1): 74-84.

[45] 任曙明, 吕镯. 融资约束、政府补贴与全要素生产率——来自中国装备制造企业的实证研究 [J]. 管理世界, 2014 (11): 10-23+187.

[46] 任永磊, 李荣林, 高越. 人民币汇率与全球价值链嵌入度提升——来自中国企业的实证研究 [J]. 国际贸易问题, 2017 (4): 129-140.

[47] 任再萍, 赵自兵. 汇率波动的企业影响理论综述 [J]. 财贸研究, 2010, 21 (1): 84-88.

[48] 施炳展. 中国企业出口产品质量异质性：测度与事实 [J]. 经济学：季刊, 2014, 13 (1): 263-284.

[49] 斯文. 外汇衍生品对冲汇率风险的企业价值效应研究——来自中国制造业上市公司的经验证据 [J]. 中南财经政法大学学报, 2013 (3): 80-87.

[50] 宋超, 谢一青. 人民币汇率对中国企业出口的影响：加工贸易与一般贸易 [J]. 世界经济, 2017, 40 (8): 78-102.

[51] 宋跃刚, 杜江. 制度变迁、OFDI 逆向技术溢出与区域技术创新 [J]. 世界经济研究, 2015 (9): 60-73+128.

[52] 孙晓华, 王昀. R&D 投资与企业生产率——基于中国工业企业微观数据的 PSM 分析 [J]. 科研管理, 2014, 35 (11): 92-99.

[53] 谭本艳, 周先平. 人民币汇率波动的微观效应——基于制造业上市公司财务数据的分析 [J]. 财贸研究, 2009 (3): 101-107.

[54] 唐韬, 王彭. 汇率波动对对外投资上市企业价值影响研究 [J]. 经济问题, 2015 (2): 86-89.

[55] 田朔, 张伯伟, 陈立英. 汇率变动与出口扩展边际——兼论企业异质性行为 [J]. 国际贸易问题, 2015 (2): 168-176.

[56] 佟家栋, 许家云, 毛其淋. 人民币汇率、企业出口边际与出口动态 [J]. 世界经济研究, 2016 (3): 70-85+135.

[57] 佟家栋, 许家云. 人民币汇率与出口企业的职工工资：红利还是阻力 [J]. 国际贸易问题, 2016 (10): 143-154.

[58] 王自锋. 汇率水平与波动程度对外国直接投资的影响研究 [J].

经济学：季刊，2009，8（4）：1497 – 1526.

[59] 魏爱东. 运用金融衍生工具规避汇率风险的对策 [J]. 南方金融，2006（3）：46 – 48.

[60] 文争为. 人民币汇率变动对我国进出口价格传递效应研究 [D]. 重庆大学，2012.

[61] 吴国鼎，姜国华. 人民币汇率变化与制造业投资——来自企业层面的证据 [J]. 金融研究，2015（11）：1 – 14.

[62] 吴贾，黄霖，张睿. 汇率波动是否增加了投资者的风险——理论与实证 [J]. 金融研究，2014（8）：64 – 79.

[63] 向训勇，陈婷，陈飞翔. 进口中间投入、企业生产率与人民币汇率传递——基于我国出口企业微观数据的实证研究 [J]. 金融研究，2016（9）：33 – 49.

[64] 项松林，魏浩. 流动性约束对企业生产率的影响 [J]. 统计研究，2014（3）：27 – 36.

[65] 徐建炜，戴觅. 人民币汇率如何影响员工收入？[J]. 经济学（季刊），2016，15（4）：1603 – 1628.

[66] 徐蕾. 人民币汇率变动与企业出口竞争力的关系研究 [D]. 山东大学，2012.

[67] 徐伟呈. 人民币汇率变动对制造业就业和工资的影响研究 [D]. 山东大学，2014.

[68] 许家云，佟家栋，毛其淋. 人民币汇率与企业生产率变动——来自中国的经验证据 [J]. 金融研究，2015（10）：1 – 16.

[69] 许家云，毛其淋. 人民币汇率水平与出口企业加成率——以中国制造业企业为例 [J]. 财经研究，2016，42（1）：103 – 112.

[70] 许家云，田朔. 人民币汇率与中国出口企业加成率：基于倍差法的实证分析 [J]. 国际贸易问题，2016（2）：145 – 155.

[71] 许家云，佟家栋，毛其淋. 人民币汇率、产品质量与企业出口行为——中国制造业企业层面的实证研究 [J]. 金融研究，2015（3）：1 – 17.

[72] 薛昶. 汇率波动对企业价值的影响——基于实物期权的理论分析 [J]. 四川大学学报（哲学社会科学版），2015（4）：115 – 120.

[73] 阳佳余. 融资约束与企业出口行为：基于工业企业数据的经验研

究［J］．经济学（季刊），2012（4）：1503－1524．

［74］杨依依．企业价值与价值创造的理论研究［D］．武汉理工大学，2006．

［75］余静文．汇率冲击对企业退出行为的影响——来自2005年人民币汇率制度改革的证据［J］．中南财经政法大学学报，2017（3）：106－114＋155＋160．

［76］余静文．人民币汇率变动、市场竞争与企业创新［J］．世界经济研究，2016（4）：51－65＋135．

［77］余淼杰，王雅琦．人民币汇率变动与企业出口产品决策［J］．金融研究，2015（4）：19－33．

［78］俞立平．企业性质与创新效率——基于国家大中型工业企业的研究［J］．数量经济技术经济研究，2007（5）：108－115．

［79］袁申国，郑雯．人民币实际汇率波动对外向型企业进出口影响实证分析——基于行业层面比较［J］．国际经贸探索，2015，31（11）：88－103．

［80］袁志刚，邵挺．人民币升值对我国各行业利润率变动的影响——基于2007年投入产出表的研究［J］．金融研究，2011（4）：1－15．

［81］詹正华，武展，李晓钟．汇率对中国制造业企业生产率的影响［J］．技术经济，2015，34（2）：113－118．

［82］张伯伟，田朔．汇率波动对出口贸易的非线性影响——基于国别面板数据的研究［J］．国际贸易问题，2014（6）：131－139．

［83］张德进，王洛林．汇率变化对企业生产率影响的文献综述［J］．国际经贸探索，2012，28（2）：4－14．

［84］张海波，陈红．不同阶段人民币汇率的价格传导机制分析［J］．统计与决策，2010（24）：104－107．

［85］张海波，陈红．人民币汇率风险度量研究——基于不同持有期的VaR分析［J］．宏观经济研究，2012（12）：25－31＋67．

［86］张会清，唐海燕．人民币升值、企业行为与出口贸易——基于大样本企业数据的实证研究：2005—2009［J］．管理世界，2012（12）：23－34＋45＋187．

［87］张会清．中国的出口潜力研究：总量测算与地区分布［J］．经济问题探索，2012（2）：151－157．

[88] 张明志, 季克佳. 垂直专业化视角下人民币汇率变动对企业出口关系的影响 [J]. 国际贸易问题, 2017 (7): 152-163.

[89] 张涛, 严肃, 陈体标. 汇率波动对企业生产率的影响——基于中国工业企业数据的实证分析 [J]. 华东师范大学学报 (哲学社会科学版), 2015, 47 (3): 110-118+170-171.

[90] 张欣, 孙刚. 汇率变动、生产率异质性与出口企业盈利能力研究——基于701家上市公司的实证检验 [J]. 国际金融研究, 2014 (10): 43-52.

[91] 张欣. 融资约束视阈下出口企业汇率波动承受能力研究——基于257家上市公司的实证检验 [J]. 上海金融, 2014 (7): 13-17.

[92] 章贵桥. 人民币汇率波动、成本黏性与企业自由现金流——来自A股上市公司2003—2011年经验证据 [J]. 财经论丛, 2015 (2): 58-66.

[93] 赵建春, 许家云. 人民币汇率、政府补贴与企业风险承担 [J]. 国际贸易问题, 2015 (8): 135-144.

[94] 中国会计准则委员会. 企业会计准则 [EB/OL]: http://www.casc.org.cn/casc/z hence/quanwen.

[95] 周俐. 基于人民币汇率双向波动的企业外汇风险管理探究 [J]. 经济论坛, 2015 (1): 116-119.

[96] 周霞. 市场化改革背景下汇率波动对企业业绩影响的检验 [J]. 财会月刊, 2017 (29): 18-22.

[97] 朱孟楠, 张雪鹿. 境内外人民币汇率差异的原因研究 [J]. 国际金融研究, 2015 (5): 87-96.

[98] Aghion P, Angeletos G M, Banerjee A, et al. Volatility and growth: Credit constraints and the composition of investment [J]. Journal of Monetary Economics, 2009, 57 (3): 246-265.

[99] Aghion P, Bacchetta P, Rancière R, et al. Exchange rate volatility and productivity growth: The role of financial development [J]. Journal of Monetary Economics, 2009, 56 (4): 494-513.

[100] Amiti M, Itskhoki O, Konings J. Importers, Exporters, and Exchange Rate Disconnect [J]. Social Science Electronic Publishing, 2012, 104 (7): 1942-1978 (37).

[101] Bahmani-Oskooee M, Harvey H, Hegerty S W. Industry trade and

exchange – rate fluctuations: Evidence from the U. S. and Chile [J]. International Review of Economics & Finance, 2014, 29 (29): 619 – 626.

[102] Bahmani – Oskooee M, Hegerty S W, Zhang R. The Effects of Exchange – Rate Volatility on Korean Trade Flows: Industry – Level Estimates [J]. Economic Papers A Journal of Applied Economics & Policy, 2014, 33 (1): 76 – 94.

[103] Benhima K. Exchange Rate Volatility and Productivity Growth: The Role of Liability Dollarization [J]. Open Economies Review, 2012, 23 (3): 501 – 529.

[104] Berman N, Martin P, Mayer T. How do Different Exporters React to Exchange Rate Changes? [J]. 2010, 127 (1): 437 – 492.

[105] Bodnar G M, Wong M H F. Estimating Exchange Rate Exposures: Some [J]. Nber Working Papers, 2000, 32 (1): 35 – 67.

[106] Brandt L, Van Biesebroeck J, Zhang Y. Creative Accounting or Creative Destruction? Firm – level Productivity Growth in Chinese Manufacturing [C]. National Bureau of Economic Research, Inc, 2012: 339 – 351.

[107] Caglayan M, Demir F. Firm Productivity, Exchange Rate Movements, Sources of Finance and Export Orientation [J]. Working Papers, 2012, 54 (54): 204 – 219.

[108] Campa J M, Goldberg L S. Exchange Rate Pass – through into Import Prices [J]. Review of Economics & Statistics, 2005, 87 (4): 679 – 690.

[109] Caporale G M, Hunter J, Ali F M. On the linkages between stock prices and exchange rates: Evidence from the banking crisis of 2007 – 2010 [J]. International Review of Financial Analysis, 2014, 33 (12): 87 – 103.

[110] Chowdhury A R. Does Exchange Rate Volatility Depress Trade Flows? Evidence from Error – Correction Models [J]. Review of Economics & Statistics, 1993, 75 (4): 700 – 706.

[111] Clark P B. Uncertainty, Exchange Risk, And The Level Of International Trade [J]. Economic Inquiry, 1973, 11 (3): 302 – 313.

[112] Cuestas J C, Tang B. Asymmetric exchange rate exposure of stock returns: empirical evidence from Chinese industries [J]. Studies in Nonlinear Dynamics & Econometrics, 2016, 21 (21): 111 – 132.

[113] Cushman D O. The Effects of Real Exchange Rate Risk on International Trade [J]. Journal of International Economics, 1983, 15 (1): 45-63.

[114] Czarnitzki D, Hottenrott H. R&D investment and financing constraints of small and medium-sized firms [J]. Small Business Economics, 2011, 36 (1): 65-83.

[115] Demers, Michel. Investment under Uncertainty, Irreversibility and the Arrival of Information Over Time [J]. Review of Economic Studies, 1991, 58 (2): 333-350.

[116] Demian V, Mauro F D. The Exchange Rate, Asymmetric Shocks and Asymmetric Distributions [J]. Working Paper, 2015.

[117] Demir F. Exchange Rate Volatility and Employment Growth in Developing Countries: Evidence from Turkey [J]. World Development, 2010, 38 (8): 1-23.

[118] Dhasmana A. Real Exchange Rate Volatility and Employment: Role of External Sector Exposure [J]. Social Science Electronic Publishing, 2015, 34 (2): 405-468.

[119] Dhasmana A. Transmission of Real Exchange Rate to the Manufacturing Sector: Role of Financial Access [J]. International Economics, 2015, 143: 48-69.

[120] Dijk V M. The Determinants of Export Performance in Developing Countries: The Case of Indonesian Manufacturing [J]. Working Papers, 2001.

[121] Dominguez K M E, Tesar L L. Trade and Exposure [J]. Social Science Electronic Publishing, 2001, 91 (2): 367-370.

[122] Driver C, Temple P, Urga G. Profitability, Capacity, and Uncertainty: A Model of UK Manufacturing Investment [J]. Oxford Economic Papers, 2005, 57 (1): 120-141.

[123] Ethier, W. International Trade and the Forward Exchange rate Market [J]. American Economic Review, 1973, 63 (3), 494-503.

[124] Evans M D D, Lyons R K, Correspondence R K, et al. Why order flow explains exchange rates [J]. Manuscript, 2001, (17): 673-694.

[125] Foster L, Haltiwanger J, Krizan C J. Aggregate Productivity Growth: Lessons from Microeconomic Evidence [J]. Nber Working Papers, 1998:

303-372.

[126] Ghosal V, Loungani P. The Differential Impact of Uncertainty on Investment in Small and Large Businesses [J]. Review of Economics & Statistics, 2006, 82 (2): 338-343.

[127] Giovannini A. Exchange rates and traded goods prices [J]. Journal of International Economics, 1988, 24 (1-2): 45-68.

[128] Goldberg P K, Knetter M M. Goods Prices and Exchange Rates: What Have We Learned? [J]. Nber Working Papers, 1996, 35 (3): 1243-1272.

[129] Hallak, Juan Carlos, Schott, Peter K. Estimating Cross-Country Differences in Product Quality [J]. Quarterly Journal of Economics, 2011, 126 (1): 417-474.

[130] Harris R G. Is There a Case for Exchange Rate Induced Productivity Changes? [J]. 2001, (3): 342-356.

[131] Heckman, J. J. Sample Selection Bias as a Specification Error [J]. Econometrica, 1979, (47): 153-161.

[132] Héricourt J, Nedoncelle C. Relative Real Exchange-Rate Volatility, Multi-Destination Firms and Trade: Micro Evidence and Aggregate Implications [J]. Working Papers, 2015.

[133] Héricourt J, Poncet S. Exchange Rate Volatility, Financial Constraints, and Trade: Empirical Evidence from Chinese Firms [J]. Cesifo Working Paper, 2013, 29 (3): 550-578.

[134] Holmes T J, Schmitz J A. A Gain from Trade: More Research, Less Obstruction [J]. Social Science Electronic Publishing, 2008, (2): 126-141.

[135] Jorion P. The Exchange-Rate Exposure of U. S. Multinationals [J]. Journal of Business, 1990, 63 (3): 331-345.

[136] Kandilov I T, Leblebicioğlu A. The impact of exchange rate volatility on plant-level investment: Evidence from Colombia [J]. Journal of Development Economics, 2011, 94 (2): 220-230.

[137] Kazaz B. 1 > 2? Less is more under volatile exchange rates in global supply chains [J]. Business Horizons, 2014, 57 (4): 521-531.

[138] Klarl T, Maussner A. Firm Heterogeneity, Credit Constraints, and Endogenous Growth [C]. Universitaet Augsburg, Institute for Economics,

2010: 199 - 224.

[139] Krugman P. Balance Sheets, the Transfer Problem, and Financial Crises [J]. International Tax and Public Finance, 1999, 6 (4): 459 - 472.

[140] Liang C C, Lin J B, Hsu H C. Reexamining the relationships between stock prices and exchange rates in ASEAN - 5 using panel Granger causality approach [J]. Economic Modelling, 2013, 32 (2): 560 - 563.

[141] Lin C C, Chen K M, Rau H H. Exchange Rate Volatility and the Timing of Foreign Direct Investment: Market - Seeking versus Export - Substituting [J]. Review of Development Economics, 2010, 14 (3): 466 - 486.

[142] Luo R H, Visaltanachoti N, Kesayan P. Analysis of Foreign Currency Exposure of the New Zealand Stock Market [J]. Investment Management & Financial Innovations, 2006, 3 (1): 1 - 23.

[143] Mckenzie M D. The Impact of Exchange Rate Volatility on International Trade Flows [J]. Journal of Economic Surveys, 1999, 13 (1): 71 - 106.

[144] Mehmet Nihat Solakoglu, Ebru Güven Solakoglu, Tunç Demirağ. Exchange rate volatility and exports: a firm - level analysis [J]. Applied Economics, 2008, 40 (7): 921 - 929.

[145] Modigliani F, Miller M H. The Cost Of Capital, Corporation Finance And The Theory Of Investmient [C]. Comment, American Economic Review. 1959: 261 - 297.

[146] Nicolas Berman, Philippe Martin, Thierry Mayer. How do different exporters react to exchange ratechanges? Theory, empirics and aggregate implications [J]. The Quarterly Journal of Economics, 2012, 127 (1): 437 - 492.

[147] Nucci F, Pozzolo A F. Investment and the exchange rate: An analysis with firm - level panel data [J]. European Economic Review, 2001, 45 (2): 259 - 283.

[148] Pan M S, Fok C W, Liu Y A. Dynamic linkages between exchange rates and stock prices: Evidence from East Asian markets [J]. International Review of Economics & Finance, 2007, 16 (4): 503 - 520.

[149] Peter Clark, Natalia Tamirisa, Shang jin Wei, Azim Sadikov, and Li Zeng. Exchange Rate Volatility and Trade Flows: Some New Evidence [C]. IMF working Paper, 2004.

[150] Qian Y, Varangis P. Does exchange rate volatility hinder export, growth? Additional evidence [J]. Policy Research Working Paper, 1992, 19 (3): 371-396.

[151] R Rigobon, G Gopinath. Sticky Borders [J]. Quarterly Journal of Economics, 2008, 123 (2): 531-575.

[152] Rambeli N, Hashim E, Hashim A, et al. Empirical analysis on exchange rate fluctuation and sectoral stock returns in Malaysia [J]. Jurnal Ekonomi Malaysia, 2017, 51 (1): 33-40.

[153] Reboredo J C, Rivera-Castro M A, Ugolini A. Downside and upside risk spillovers between exchange rates and stock prices [J]. Journal of Banking & Finance, 2016, 62: 76-96.

[154] Sauer C, Bohara A K. Exchange Rate Volatility and Exports: Regional Differences between Developing and Industrialized Countries [J]. Review of International Economics, 2001, 9 (1): 133-152.

[155] Sercu P, Vanhulle C. Exchange rate volatility, international trade, and the value of exporting firms [J]. Journal of Banking & Finance, 1992, 16 (1): 155-182.

[156] Shapiro A C. Exchange Rate Volatility and the Value of the Option to Introduce a New Product [J]. Working Papers, 1990.

[157] Silva J M C S, Tenreyro S. Trading Partners and Trading Volumes: Implementing the Helpman-Melitz-Rubinstein Model Empirically [J]. Oxford Bulletin of Economics & Statistics, 2015, 77 (1): 93-105.

[158] Smith C W, Stulz R M. The Determinants of Firms'Hedging Policies [J]. Journal of Financial and Quantitative Analysis, 1985, 20 (4): 391-405.

[159] Srinivasulu S L. Strategic response to foreign exchange risks [J]. Columbia Journal of World Business, 1981, 16 (1): 13-23.

[160] Sterlacchini A. The determinants of export performance: A firm-level study of Italian manufacturing [J]. Review of World Economics, 2001, 137 (3): 450-472.

[161] Tang Y. Does Productivity Respond to Exchange Rate Appreciations? [C]. International Atlantic Economic Conference, 2009.

[162] Thursby J G, Thursby M C. Bilateral Trade Flows, the Linder Hy-

pothesis, and Exchange Risk [J]. Review of Economics & Statistics, 1987, 69 (3): 488 – 495.

[163] Tomlin B, Fung L. The Effect of Exchange Rate Movements on Heterogeneous Plants: A Quantile Regression Analysis [J]. Working Papers, 2010.

[164] Tomlin B. Exchange rate fluctuations, plant turnover and productivity [J]. International Journal of Industrial Organization, 2014, 35 (10 – 18): 12 – 28.

[165] Vita G D, Abbott A. The Impact of Exchange Rate Volatility on UK Exports to EU Countries [J]. Scottish Journal of Political Economy, 2004, 51 (1): 62 – 81.

[166] Wang X N, Zhang H. Research on the Exchange Rate Pass – through of RMB's Fluctuation to Chinese Export Price: Differentiation of the Effect between Persistent and Temporary Fluctuations [J]. Operations Research & Management Science, 2017, 32 (2): 343 – 364.

[167] Wooldridge, Jeffrey M. 计量经济学导论: 第 4 版 [M]. 费剑平译. 中国人民大学出版社, 2010: 182 – 183.

[168] Zheng S J. Exchange rate volatility and trade/productivity in Australia [J]. UQ Theses (non – RHD) – UQ staff and students only, 2005.